蔡孟耘｜小壁虎老師｜

CEO思維的 班級經營術

小壁虎老師讓家長、學生都心服的
人才養成心法

CONTENTS

CH.1 畫出班級的模樣

CH.2 班級事務公司

好評推薦（依姓氏筆畫排序）

看著書稿一頁一頁讀著，內心愈來愈激動，心中不斷喊著：「yes！」因為小壁虎老師書中班級的模樣，也正是自己班級的樣態。要做到如此並非偶然，而是刻意練習才有的成果。

帶班初期，我常受惠於小壁虎老師的部落格，不論是課程教學或是班級經營，小壁虎老師總是很佛心的為大家整理細節，讓有需要的人馬上就能上手。這本《CEO 思維的班級經營術》集結了部落格班級經營的精華，從「打造班級的模樣」到「成為更好的人」，從工作分配到親師溝通，你想得到的問題都能從書中找到解方。

我喜歡小壁虎老師將班級視為公司來經營的理念，教師是老闆，老闆的職責是思考如何讓公司運作順暢，如何讓公司裡的每個人動起來。改變思維，就不必親力親為，分工發包，管理更分層。老師不再是集權者，以學生為本的課堂管理，培養學生自我管理，實現素養教學的最終目標！

你想要擺脫碎碎念的班級經營？你期盼躺著教的班級經營嗎？快入股小壁虎老師班級經營公司，保證你在短時間就能有驚人的獲利。

——資深教師／李佩燕

所謂：「戲法人人會變，只是巧妙各有不同。」面對一個班級的經營，每位老師應該都會有滔滔不絕、長篇大論的甘苦談，也會有自己累積多年、千錘百鍊過後的教學戲法。因此，要在各個教學的「關公」面前，耍弄「班級經營」的這把大刀，真的是一件非常不容易的事情！很開心，我有機會拜讀到好朋友孟耘老師的最新著作《CEO 思維的班級經營術》，讓我相當佩服她把自己提升到教學 CEO（總裁）的高度，別出心「裁」的用企業管理的高效策略，讓教室生活裡裡外外、大大小小的雜事都規律化，不管是學生座位的安排、看一眼就點收完畢的收作業方式、打掃項目公司化發包、「怎麼辦本」的設計等，都是老師們在教學的現場，可以比照辦理的創意點子與優異的教學模組。

——全國閱讀典範教師／呂嘉紋

　　欣聞小壁虎老師出書，讀小壁虎老師的班級經營，深深覺得，把每個孩子當成領導者，培養出能思考、有創意能解決問題、勇於面對失敗並具備成長思維的學生，最後可以領導出自己的人生，活出自己的天賦，真是老師的最大幸福！不論是教學日誌、閱讀上臺報告草稿或是複習計畫等攸關班級經營的事務，我也曾在著作中分享我的做法，每個老師著重的點不一樣，細節也不同，小壁虎老師的班級經營方式值得一讀，深深推薦！

—— 資深教師／林怡辰

　　認識小壁虎老師近七年，欽佩她的溫柔堅持，肯定她的滴水穿石，可以感受小壁虎老師在課堂裡「畫」出的柔美風景。如果可以，我也想要跟著小壁虎老師「躺著教」。

　　然而「躺著教」的背後支撐是什麼？讀完這一本書，我可以看見小壁虎老師班級經營的全面思維、反省思維和貼心思維，成就了教室的真善美，筆耕記錄的真、帶人帶心的善，以及互助共好的美。

簡單好操作的步驟，讓老師可以輕易上手，趕快一起「躺著教」吧！

——屏東縣中正國小教師／林用正

「預防勝於治療。」教育應該是一項人格、家庭和社會的預防工程，透過有效能的系統設計，讓每個孩子在自然有序的環境中，成為最好的自己。小壁虎老師以企業化的精神經營班級，秉持尊重、互惠的方式，引領學生自主管理。並長期用心進化，把「躺著教」的理想發揮得淋漓盡致，在網誌中分享發表。如今，喜見這些內容能更有條理且細膩的以書面方式呈現，相信這本書將是所有老師及想要進一步理解學校教育家長們的「怎麼辦本」：在有需要的時候，快速翻查到有效的策略處理問題。這樣一來，就能省去許多問題行為形成後處理的時間與精力。

——新北市昌平國小教師／洪琬喻老師

你有想過商業思維和教育也能擦撞出火花嗎？學商出身的小壁虎老師運用有系統的管理方式，把企業經營的精華融入教育領域：打造規律的作息流程，確保教學的常軌運作；透過團隊協作的方式，提升每個孩子對團隊的貢獻感；鼓勵挑戰自我的學習任務，引領成長性思維。

當班級有組織，學習就可以更有效，讓我們跟著小壁虎老師的腳步，學習用 CEO 的班級經營思維，引領孩子們成為人生的CEO！

——教育部師鐸獎、新北市特殊優良教師／陳佳釧

我和小壁虎老師相識多年，她有一雙巧手，能寫、能畫、能織，纖纖玉手宛如有萬千魔法，一揮灑便是無限繽紛美好。我深信好老師所展現的模樣未必人人相同，但渴望讓教學達到至善至美的心境卻是人人皆有。在《CEO 思維的班級經營術》這本書中，小壁虎老師再一次將從事教職二十年的班級經營心法，以一顆慧心、一雙慧眼與一雙巧手，以獨到的角度與溫柔的筆觸，像一位陪伴者般娓娓道來，讓教師和家長，都能真切體會到在「你

輕鬆、我輕鬆」的終站前，是日復一日「你用心、我用心」的涓
滴積累。讀來不只受用、更讓人動容。

　　「亦成蔭，以新葉滴下清涼；亦成柱，以蓊蔥擎起綠天。」
感謝小壁虎老師以 CEO 的高度與思維畫出成功經營課室的光譜，
讓每一位教育路上的夢想家，不只是起心動念，更能躬行實踐，
攜手犁遍教育園圃，照見群芳如錦！

——臺北市萬福國小教師／鄭雅芬

推薦序————

在她的教室裡，沒有被遺落的孩子

————羊羊老師の魔法教室創辦人／**羊羊老師**

第一次認識小壁虎老師，是在一場「解謎遊戲融入教學」的研習中，那時覺得她是位好用心的老師，竟然願意花額外的時間與金錢學習新事物，只為了更加豐厚自己的學生。

第二次與小壁虎老師見面，是在她的節目《噗噗聊聊》上，那時仍覺得她是位好用心的主持人，不但仔細看過我給的訪綱擬答，且都能很精準地摘要我表達的重點，和她深聊忍不住會有如沐春風之感。

小壁虎老師細膩的心思和溫柔的性格，在她的新書《CEO 思維的班級經營術》中完全可以體現。

舉例來說，在面對教學現場大大小小的突發狀況時，小壁虎老師帶著學生製作「怎麼辦本」，只要遇到問題，**翻翻**「怎麼辦

本」，馬上可以找到 SOP 解決方式——她用企業管理的思維，照顧到了普通生的需求。

又如，她將教室生活的流程視覺化，把時刻表畫在黑板上，再讓每個學生貼上自己的「替身卡」，老師立刻就能辨識誰的進度落後了，需要關懷；以及安排躁動的學生當老師的小幫手，讓他們能適時站起來舒緩緊繃的神經。視覺提示有助於自閉症孩子的適應；動靜穿插的課程設計則有助於情緒行為障礙孩子的調適——她用特教輔導的精神，照顧到了弱勢生的需求。

不止如此，小壁虎老師還會與學生耐心地對話、指派較具難度的任務給程度較高的孩子——她甚至照顧到了富有挑戰想法、資優生的需求。

哇，在她的教室裡，沒有孩子是會被遺落的吧！身為特教老師的我都好難想像，要如何同時照顧將近三十個獨一無二的個體，但是小壁虎老師都做到了！

在她的書中，除了看到每個孩子都是學習的主人，也看到了她透過活動凝聚全班的向心力、透過溝通撫平家長們的擔憂。小壁虎老師提供了好多精巧的撇步，閱讀此書，如果你是新手老

師，你會倒吃甘蔗；如果你是資深老師，也會枯木逢春。

閱讀此書的我，途中也好幾次想：「讓小壁虎老師教到的孩子，肯定很幸福吧！」願每個在教育崗位上堅守的靈魂，都能因為這本《CEO思維的班級經營術》找到希望！

教師的理性與感性

———資深教師／沈佳霓

　　一直記得那天放學後，我在補習班門口拿著電話對遠方的好友訴說心裡的掙扎，面對特殊孩子的努力和實際評比的公平性，她靜靜陪我直到平復心情，用一貫不疾不徐的聲音提醒我：「為什麼孩子一定要跟其他人比較？我們應該用他自己的標準來看到進步，給他適當的評價才能讓他願意繼續努力。」一語驚醒了已任教多年的我，孩子才是自己學習的主人，而這位好友正是小壁虎——蔡孟耘老師。

　　會認識她，跟大部分的人一樣是從部落格開始，她無私的分享自己在偏鄉的教學心情和嘗試，即使她常掛在嘴邊的口號是「躺著教」，但關注後就會看見並讚歎她旺盛的求知欲和蓬勃的行動力，一次次去突破教學的可能性。之前聽她說要轉戰閱讀老

師，不再帶班，讓我一方面替臺灣閱讀推廣高興，有她的活力創意挹注加持，必定能幫助尚不得其法的老師有效推動閱讀活動，並帶動更多家長孩子感受閱讀的好處；另一方面卻為現場的帶班導師們擔心，不得不說，「小壁虎老師'Blog」部落格點閱率最高的文章一定是班級經營類，相較很多教育前輩出書著作的教學文，她的記錄有著個人理性思維的特質，不但記下教學令人感動驕傲的成果，更誠實寫下初任教時的無措和生澀，最喜歡她曾分享過某次參與研習，被臺上講師拿她部落格文章裡的一個疏忽當成反面案例，當時她勇敢「自首」，表明自己就是文章作者，說出當時在偏鄉小校的自己，沒有伙伴能共備，於是透過文字記錄來和自己對話，不得不說這正是展現自主學習的最好典範。

　　當知道她即將出版跟班級經營有關的著作時，我簡直想在門前掛兩串鞭炮燃放，恭賀全臺灣的導師可以不用在網路上一篇篇爬文，就能一次擁有小壁虎老師的班級經營心法，也替全國的家長孩子高興，不必羨慕只有一隻小壁虎了，當導師們拿到這本書，學會理性安排日常學習的大小事，調配正規課程和創意教學的比例，看見每個孩子的優點，啟動他們的學習動力，那已經在

現今風氣影響，對教育仍懷抱理想的感性教師們就能自信且坦然
地說出：「我成為更好的老師了！」

推薦序————

有效能的管理，有溫度的提點

——2021 全國 super 教師／陳佳慧

六角形被譽為大自然最完美的圖案。雪花、蜂巢，連機械工程上，也看重六角形的力矩效果最佳，而做出了六角形的螺帽。這一本書提供了五個向度：畫出班級模樣、班級事務公司、凝聚親師生的心、學生才是課堂主人的班級管理之術、成為更好的人；而第六個向度則是留給讀者，去寫下閱讀實踐後所得到的快樂。

一拿到書稿，我便手不釋卷的閱讀著。閱讀時，一連串的關鍵詞浮現在腦海：視覺化筆記、為自己負責、管理、差異化教學、步驟化流程……更強烈的是：這一招不錯，我也要在班上試一試！因為，小壁虎老師是把教師當成 CEO 的概念撰寫這本書，不藏私的大方分享她不同角色的教學思維。

管理不只嘴上說說，看得到才是重點

第一章〈畫出班級的模樣〉分享如何以視覺化來進行班級管理、分配時間、執行任務。從不同的角色怎麼挑選教學日誌？運用什麼樣的筆記術來記錄自己一天所該處理的事務，並且分享自己的日誌，讓我們清楚看到老師運用到的方法：時間軸、T 表、表格。

連教室環境布置，也運用心智圖跟孩子們討論班級環境的管理及整理的標準，最後讓孩子放手去做。小壁虎老師邀請學生參與這個大家庭的布置，這是有經驗教學者的小訣竅：學生也是這個班級的一分子，大小事物都要參與其中。

管理並不是冷冰冰的規範，而是有溫度的提點

在書中，我們能看到老師教學上的細膩，例如座位會如何安排？必須要考量什麼點？班上如果有特殊生還不能跟他人合作的時候，該怎麼運用座位來避免干擾班級教學的進行，又不會讓他感到困窘，甚至提供明確的指令，引領特殊生融入班上群體。（這些指令老師也運用表格羅列出來，太佛心了！）

　　我也很佩服小壁虎老師有溫度的教學。在充滿趕課壓力的快節奏下，引領學生慢思考，讓每一種學習型態的孩子都能以自己的節奏好好學習，更提供一堂課中如何運用動靜的切換，好讓每一位學生投入學習，這些經驗談恰恰是教學新手所需。

豐富經驗大放送，讓教與學更有效

　　我雖然任教多年，自詡帶班經驗豐富，也陪伴不少初任教師度過任教第一年，但我仍因欠缺行政及科任教師的經驗感到不足。而此書中，竟讓我尋到這一塊拼圖，她提到科任教師的教學管理，連如何優雅快跑的好用小物通通告訴你。這也是我最喜歡的部分：處處可見小壁虎老師的小妙招，例如運用紅指甲油來定位孩子們座位，期末用去光水就能輕鬆處理掉，這一招實在太妙！

　　無論你是教學新手、苦手，還是老手，跟著這一本書學著當 CEO，引導孩子改變自己去發展社會情懷、適應團體生活，在學生都步入了軌道之後，身為教師的你真的可以跟小壁虎老師一樣：躺著教。

好一個人才養成的班級經營術

────資深教師／賴秋江

　　跟小壁虎認識應該是從臉友開始，真正交談則是因為上了她的《噗噗聊聊》，一聊才知道原來我們的背景都是半路出家來到教育這大宅院，再聊才驚覺原來我們都有著類似的稀奇古怪創想，尤其對班級經營這一塊更是，當下還真有種「遇見同類之相見恨晚」的興奮感。

　　怎麼說呢？我的第一本書講的就是班級經營，裡面的首部曲說的就是家族企業化的班經。一翻開小壁虎的書，天呀～～CEO思維的班經術，一整個令人興奮的標題，心裡更想知道她怎麼把一個老師當成CEO的？

　　原來，小壁虎老師把教室當成了人才培訓公司，自己自然就當起了公司CEO，並利用她大學商學院的管理知識作為基石，

研發出一套又一套的 SOP 流程，從讓老師超崩潰的收作業、催作業、打掃工作，到每天一堆煩老師的「怎麼辦？」通通系統化，就好像速食店點餐到出餐一樣，固定又簡易的流程，讓這些瑣碎的班級事務瞬間化繁為簡，你說是不是超有趣、超創意、超驚豔的！

不但如此，她更把學生當人才來培養，不用管東管西管一堆，而是透過班經術的魔力，在快節奏下學會慢思考，每個人都有著不同的任務，不但有作業助教，還有特別助理、解題開發人員，整個企業思維的導入，讓學習變得自主，不但擴充了學生的專注力，更提升了學習的參與力，一整個就如同企業績效的優良展現。

最後，在她的班經術裡，我好喜歡的是讓孩子成為更好的人，怎麼從他律變自律，找出可以施力的點推學生一把，就能讓他們積極努力收集自己的好與努力的軌跡，進而改變班級氣氛與問題。另外如何讓學生的自我管理升級，再到考前複習學會為自己負責，每一個思維、步驟、對話脈絡都清清楚楚地呈現出來。

這是一本關於班級經營的書，更是一本傳授教育心法的寶

典，無論你是新手老師還是像我一樣領資深教師了，你會發現原來班級經營可以這麼玩，老師可以這樣當，學生可以這般養成。

　　一切，沒有設限，只有無限！歡迎進入小壁虎老師「躺著教的 CEO 思維教室」。

推薦序————

第一次當班級 CEO 就上手

——教育部閱讀推手教師／黃怡嘉

　　如果說每個人對家有一定的想像與期待，那我想每一位導師肯定也對於班級有自己的想像與期待。導師對班級的期待，總是離不開學生乖巧、家長合作，為此，許多老師在新接班級時會有拜拜的習慣，學校附近的土地公廟總是承載了老師們的誠心誠意，如果可以「躺著教」，只「出一張嘴」，學生們就「自動好」，那該有多好？

　　初任教師難免慌張，心情大概就跟「新手爸媽」差不多，只是坊間教你怎麼當父母的書不少，但教你怎麼「當老師」的書卻不多，只能靠著跟校內前輩請教，抱著幾本經典班級經營用書摸索找出自己的做法，但是夜深人靜時，總是會想：有沒有更好的做法？我就是在這樣的契機下看見小壁虎老師的部落格。

　　一開始我對於小壁虎老師收作業的推車非常有興趣，發現有效的「資產投資」會增加老師的工作效能，但是久而久之我發現，如果不瞭解班級經營做法背後的設計理念，最後這些跟著買的「資產」就也只能靜靜堆放在教室的一角。因為班級經營的關鍵從來不在於增設了多少硬體，或者是教室陳設多好看，重點是一名教師是否有意識地建立出屬於自己的班級經營模式，說到底一個老師的班級經營觀牽涉的是老師的人生觀與價值觀。

　　「生命，就該浪費在美好的事物上」，每天到校忙著追查遲交的作業、忙著解決學具沒帶的問題、忙著盯著學生掃地工作做了沒？社團去了沒？這些雜事，佔盡了老師大部分的時間，也耗盡老師相對多的心力，這麼一來，進到班級，面對二十幾個孩子還能正向樂觀、熱情積極嗎？小壁虎老師的「怎麼辦本」深深地打動了我，「怎麼辦本」代表的是老師正向的去面對孩子在成長中會發生的錯誤行為，但是老師並不需要特地花時間協助處理，取而代之的是讓孩子自己去找方法，卻又不是毫無方向的找，「怎麼辦本」可以讓孩子從其他人的經驗中學習，讓孩子自己教孩子，老師自然可以躺著教，諸如此類的好方法在書裡非常多。

　　老師不必凡事親力親為，我們期待孩子兩年後走出我們的教室時可以多點能力、多點方法……那在這兩年的過程中我們就要把自己當作是一間公司的 CEO，每位學生都是我們可靠的主管群，他們會幫我們把事情處理好，而我們只要儘管放手就好。那麼該怎麼做？翻開小壁虎老師的新書，裡頭集結了部落格精華，手把手教你第一次當班級 CEO 就上手。

用你獨有的力量，
創造有溫度、有深度的課堂

在我大學畢業報考師資班的那個年代，國小教師被視為一種輕鬆的職業，好像只需要站在講台上傳授知識。然而，當我踏入教室，才真切體會到看似簡單的教學充滿了複雜性。三十多雙好奇的眼睛盯著我，每位學生的行為都是一道道的測試，考驗著我的底線。兩、三年後，我發現自己逐漸成為一位嘮叨的老師，每天的工作都變得沉悶乏味。

我畢業於商學院，起初思考著如何將商業管理的理念應用於班級管理。然而，國小學生畢竟年紀還小，不能期望他們一下子就遵守所有規章，於是我為了應對各種情況陷入了疲憊。但隨著經驗的累積，漸漸地，我意識到班級經營不僅僅只是「老師的管理辦法」，而是要去營造一個環境，引導學生學會自己管理的過

程。在多次嘗試、修正後，我將班級經營由解決問題提升為預防問題與培養學生能力的層次。

　　教室是一個較為封閉的世界，除了該班的老師和學生，其他人都無法得知教室裡是怎麼運作的。2006年我開始在「小壁虎老師'Blog」部落格寫下教學點滴，當時只是想透過記錄將教學方法和理念傳達給家長，讓家長理解且支持我的作法。不知不覺中，十多年的部落格寫作，累積了許多有關班級運作的文章。然而，這些文章形式上是「記錄」，從家長的角度看，或許能夠了解我們在教室裡做了什麼，但對於其他教師而言，可能顯得有些零散。

　　這本書的誕生，源於我對班級經營的思考。我不僅想呈現班級管理的方法和步驟，更希望將隱藏在腦中的思考、想法脈絡用文字表達出來。我想，這樣的呈現方式對於新手教師將更具有手把手傳承的意義；對於有經驗的教師，也能提供一些不同的思考角度。因此，這本書不僅是部落格文章的簡單集結，更加入了背後豐富的思考歷程。期待您閱讀時能夠跟隨我的思緒，一同思考，共同打造出每個人專屬的班級模樣。

　　我深信，每一位教師都擁有獨特的力量，都能夠在班級裡創造出一個有溫度、有深度的學習環境。這本書不僅是我的經驗分享，更是一次次嘗試的總結，期待這本書能夠成為您班上的得力助手，引領您創造出令人難忘的教育場景。

畫出班級的模樣

用教師日誌打造理想教室

> 寫教師日誌最主要目的是思考與擬定班級經營方向,透過事前規畫,老師可以順利處理關於學校與班級的大小事,並藉由閱讀工作筆記相關的書籍,學習到更多有效率的方法。

我很喜歡韓國《大長今》這齣劇,在某段劇情中御膳房宮女長今失去了味覺,這對每天都要製作料理的她是件天大的事情,就在長今慌亂時,她的師父教她練習「畫」出味道。

這段劇情給了我很深的感觸,教師在教學與班級經營的角色上就像是廚師。有的是新手教師,對於要用哪些食材毫無頭緒,手忙腳亂,連基本菜色都做不出來。有的是資深教師,隨著一年一年的累積已經有習慣的做菜步驟,甚至可以端出自己的拿手

菜，不過也因為熟練，容易陷入既定的模式中，不知不覺就失去了創意與生命力。

　　每年暑假，從整理教室開始，我會一步一步的在心中「畫出班級的模樣」想像這間教室未來的樣子。我理想中的教室是共好、有秩序又樂讀，為了創造這樣一間教室，新學年的學期初，我都會打開教師日誌，開始思考與擬定班級經營的目標。

想要什麼，就寫下來吧

　　要「畫出班級的模樣」只憑空想像是不夠的，還得將想法記錄下來才能仔細構思，這時候教師日誌就是一個好用的工具。

　　教師日誌需要記錄些什麼呢？一般來說有下面幾點：

☐課表

☐重要行事曆

☐作業安排

☐教學進度

□通知單

□親師溝通內容

□重要事件

□事、病假登記

每年我都會精挑細選一本筆記本作為教師日誌，這本教師日誌對我來說不僅僅是行事曆的安排，還有更多班級經營上的思考與擬定。這二十幾年來，我用過各種不同形式的筆記本，為了了解更有效的筆記方式，也閱讀了不少有關於工作筆記術、手帳類的書，學習其他行業、個人使用筆記以增進工作效率的方法。最近這幾年流行原子習慣筆記、卡片盒筆記，我也運用部分概念到教師日誌上。也因為喜歡閱讀這類書籍，每次都會想要再改進、更新自己的筆記系統，直到現在，我還是每一年都在改變寫教師日誌的方式。

寫教師日誌最初的目的是希望可以掌握每一種事項的到期日，學校行事曆有許多需要配合的日子，例如：期中與期末評量日、校慶日、抽查作業日、宣導講座日等，將這些重要的日子記在日誌裡才不會遺漏。

剛開始時，我會跟著小朋友用聯絡簿來記錄，將這些活動記在當天的日期上，聯絡簿的形式是一週兩頁，可以一眼就看見當週的重要事項。不過，教師工作的內涵絕對不是只有行事曆上的重要事項而已啊！聯絡簿的空間實在太小，我想記錄的東西太多，很快就變得雜亂不堪，常常要花時間找自己到底記在哪裡、記了什麼。再加上如果那一年擔任學年主任的話，工作項目又要區分出來，只用行事曆式的記錄方式，真的會很困擾。

為了解決雜亂無章的記錄問題，我試過多種筆記本，包含各種尺寸、活頁或膠裝、日期自填或已印、工商日誌或可愛手帳……統統用過。每次到文具店選購時，我都會一本本翻開，在心裡「畫出教學日誌的樣子」，試想可以怎麼記錄？能否解決我的困境？因此常常不知不覺就站了一個多小時。

尋找適合自己的日誌形式

在決定使用哪一種形式的筆記本前，我們得先確認目標：教

師日誌最重要的目標是希望老師可以掌握關於學校與班級的大小事。而透過事前規畫與準備,才能在每天如戰場的班級事務運作中,不疾不徐、穩穩當當的維持該有的進度。

為了抵抗自己經常失憶的腦袋,我希望這本筆記本包含下列功能:

□可以看見一週行事曆,並有多餘的空間可以規畫當週待辦事項。

□有空間可以記錄當天重要事項。

□有每天的時間軸,可以掌握節次時間。

□有空間可以記錄教學進度和規畫回家功課。

□有空間可以記錄一些突發事件。

□書寫時,手不會被中間活頁扣環卡住。

教師日誌每年一本,一般導師職務是兩年輪一次,而且在同一個年級別,大概會輪個兩、三次,每次接一個新的班級時,兩年前的記憶總是非常模糊,這時候只要有好好寫教師日誌,就能再拿出來參考。

有的教科書出版社業務人員會在學期初送老師一本日程本,

其編排方式是以學年度組織的，也就是從八月到隔年七月，內頁會附上課表頁，符合一個年級期間使用，這樣的日程本也可以拿來當教師日誌書寫。

　　每學期我在知道課表後，會先在筆記上寫下節次科目，再把科任課圈起來（通常會在期初校務會議上完成，善用時間很重要，哈），如果科任老師要調課，也很容易看出來。

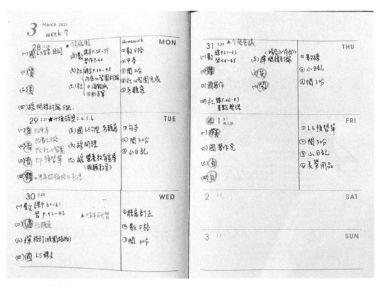

▲運用日程本書寫教師日誌。

　　我習慣趁星期一教師朝會的空檔預先規畫當週要做的事情、上課的進度及回家功課，這樣可以避免進度落後的情形產生。我會把教師日誌固定放在桌上，如果臨時需要請假，代課老師只要**翻閱**就可以知道要做什麼，同時我也會請他幫我將當天進度及學生情形注記在上面，回來就能處理。

導師的教師日誌

　　經過多年的嘗試與進化，現在我偏好使用一週兩頁、直式時間軸、B5 尺寸可以一百八十度攤平的工商日誌（如右圖），這種工商日誌比起花俏的手帳本便宜許多，功能卻更加實用。

　　首先，我會利用上方空間寫下學校行事曆的重要事項（如果買到的日誌本沒有上方的框，可以自己畫線隔出來），接著在四點的時間軸上畫橫線，下方用來記錄安排的回家功課、事件摘要和事病假。上方則用鉛筆謄寫每天的節次科目，並編寫週次。然後就可以用自己習慣的符號、顏色開始規畫、預排、記錄。

B5 尺寸頁面較大，貼在學生聯絡簿上的通知單、親師心語就順便貼一張在教師日誌上，這樣一來，電腦就不用存太多種檔案。我們常會覺得，把檔案存在電腦裡如果下一輪班級要用就可以複製參考，但其實這種檔案常常會放到忘記或需要時找不到，直接參考貼在日誌上的單子，重新繕打一份反而方便。

建議大家可以閱讀一些工作筆記的書籍，學習更有效率的筆記法，運用在自己的日誌裡。

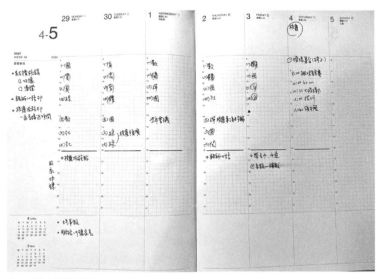

▲ B5 尺寸教師日誌。

科任與行政教師日誌

擔任組長這幾年，我開始改用一日一頁、有時間軸、A5 尺寸的日誌，主要是因為行政職辦公桌面空間有限，所以改成尺寸小一點的本子。裡頭除了要記錄上課內容，還需要大空間來記錄工作的安排與追蹤，所以通常我會將頁面用 T 型線畫分成三部分，

上半部記下當日做過或需要追蹤的事情，例如：計畫經費入帳、送出憑證等，日後回來查才知道是否漏掉。左側時間軸記錄上課班級的進度內容、重要事項以及會議。右側則是預排工作事項，我通常是前一天或當天早上利用十分鐘先將工作排定，然後一項項完成後劃掉。

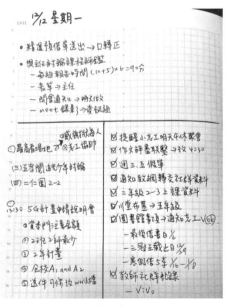

▲科任與行政老師的教師日誌。

　　班級事務、學校活動、行政業務加起來是又多又繁雜,很多事項又牽涉到學生,稍有不慎忘記或漏掉就會很麻煩。善用教師日誌,就能確保這些工作都能好好完成,如此一來教學的進行也會更加順利。

讓教室生活規律化

將教室環境與教學固定下來，能讓學生的教室生活自然而然的產生自動化，對於學習也能預先做好心理準備，日後引導學生練習自主管理時會更為容易。

剛開始帶班的時候，常常抓不到要領，每天都在想隔天、當週的上課內容和活動規畫，也常因為上課沒有章法，經常被進度追著跑，一下子今天增加功課，一下子明天增加上課內容，弄得自己疲憊不堪，而學生也因為班級規則經常變動而無所適從。

有一年，班上來了一位輕度自閉症的學生，雖然可以跟著上課，但只要教室內的規則一改，他就會抓狂。從那時候起，我盡量將所有事情固定化，固定時間做固定的事、固定的流程、固定

的要求、固定的路線等。為了達到這個目標，事前一定要設想完備才能開始，因為一旦做了要再修改，就得多花時間讓他適應。

　　那兩年為了「固定化」教室內的規則，我花了很多時間建立，卻也因此發現讓教室生活固定化有著許多的好處：

⑴ 養成事前進行多角度思考的習慣。

⑵ 固定且重複的模式讓學生容易有跡可循。

⑶ 日後引導學生練習自主管理時更為容易。

固定教室環境

　　學生到學校主要是學習如何過團體生活，藉由學習知識的過程，練習與他人互動、交流。若用這個角度來思考，團體生活還有更多是為了學習遵守讓社會有秩序的規則。

　　教室就像是縮小版的社會，大部分的規則都需要學生「主動」約束自己去遵守，但是在這當中老師需要刻意設計情境讓學生有練習遵守規則的機會，從這些練習的過程中，老師與學生都

得不斷的調整彼此的彈性,而不是一味地要求學生依照老師的意思來做。

我會先從固定教室的環境來讓學生做練習。教室環境的安排不只是美觀,還要考慮老師和學生的動線、使用習慣。環境會影響學生的情緒,而且範圍大自櫃子,小至文具用品都需要細細思量擺放的位置。

運用心智圖與學生建立共識

為了與學生取得共識,我經常運用心智圖和學生討論,並示範如何整理想法。

以固定教室環境為例,首先我會詢問學生「為什麼要維持教室整齊與乾淨」,接著討論「什麼是整齊與乾淨」,我會廣納意見後再整理想法,將內容區分成整齊與乾淨二個細目,最後才是帶領大家思考「如何達成」。

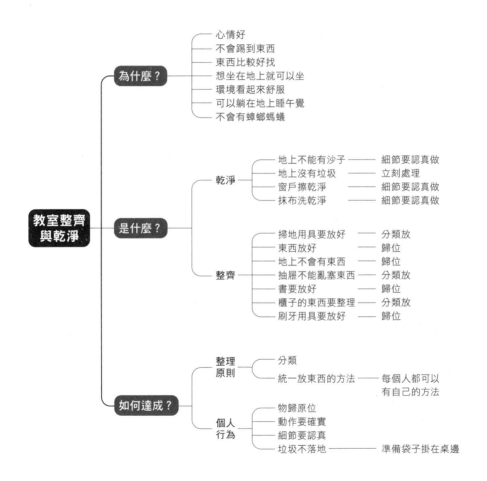

▲用心智圖與學生建立整理共識。

　　討論結束後我會請學生立刻實作！先從個人的置物櫃、座位和抽屜開始，每個人都把握整理的原則，以「分類」且同類型「統一放置」的方法整理，最後全班互相觀摩大家的做法。老師記得要找出學生的優點誇讚一番，目的是為了讓其他人可以看見不同的做法，同時也正增強學生的想法，如此每個人都會想要繼續努力並超越其他人。

　　後續也可以再繼續討論教室內的公用物品該怎麼放、怎麼維持整齊與乾淨，甚至可以將學生討論的結果印出來，當成大海報，貼在公布欄做視覺化提醒。當環境都固定後，物歸原位也有依據，而且方法都是學生想出來的，他們會比較願意去遵守。

固定教學節奏

　　當教室環境固定化了以後，就可以開始著手固定教學節奏。教室的時間是按照課表流動，讓學生養成什麼時間做什麼事的習慣。

　　每天早上進到教室先抄聯絡簿、交功課，然後開始閱讀或訂正作業，是固定的；每週國語教學的順序搭配回家作業，是固定的……。如此將每天的教學節奏固定下來，學生知道這節課老師會做什麼事，上課前就做好心理準備，這樣的好處是學生的行為會在不知不覺中就產生自動化。如果老師臨時請假，學生們也能按照平常的進度、上課方式進行。

　　當教學節奏固定後，每天的回家功課也會跟著固定，例如：星期二國語課固定上句型，每個星期二的回家功課就是句子練習本。等到我們要開始練習回家作業自主管理時，學生就能一口氣預排一週作業，然後自己決定哪一天要完成。

當特殊狀況發生時

　　跟學生相處這麼多年，加上自己也有小孩，我發現很多孩子對於突如其來的改變都很難接受，一旦遇到特殊狀況會難以調節心理狀態。因此，「預告」與「視覺提醒」是很重要的事。

當非不得已一定要改變時，我會用鄭重的態度對學生說明，說明的方式如下：

原本我們……（原定的）

但是老師遇到困難……（需要改變的原因）

老師想了兩個方法……（用選擇代替專制）

你們覺得怎麼做比較好……（讓學生有選擇的權利）

接著，將決定後的事項寫在黑板或小白板上，透過視覺呈現，再次提醒學生事情已經做了更動。

固定教室環境與教學節奏後，事情就會永遠如此順利嗎？當然不，執行時一定會有許多困難，只要遇到不夠順暢的地方，就要和學生們討論、想辦法修改，這些過程都是讓學生累積溝通、彈性、執行與修正的珍貴經驗。

高效互助的座位安排法

> 在教室學習與生活的面向上，老師可以透過座位的安排創造孩子們人際關係練習的機會，這有賴老師敏銳的觀察力，更需要以學生學習為主體來考量，依據不同學習模式來調整。

　　教室內的座位安排最傷神了，大部分的老師會將學生按照身高排列，這種排法能讓高個子同學不容易擋住其他人看黑板的視線，同時也能使老師容易掌控秩序，所以這是教室內最常見的座位安排方式。

　　不過，這種排法相對來說學生間的互動性比較差。除了身高之外，安排座位時還會考慮性別、上課專注度、教室空間、課堂進行的模式（分組／講述）等因素。

此外，我會去思考如果想要打造一個溫暖的班級，桌椅要怎麼擺？如果想要創造以小組學習為主的空間，該如何配置位置？如果想要讓好動的孩子有動的空間，該如何調整座位？在多年的經驗下，我逐漸的摸索出了最適合的方式。

分排坐與合併坐彈性安排

班級座位的安排，通常我會採取循序漸進的方式，先從分排坐到座位合併。新班級開學的時候，我會暫時讓學生先分排坐，主要是考量他們剛到新環境，對人事物都還不熟悉，如果立刻就要跟其他人合併坐，有的孩子會感到焦慮，分排坐可以讓彼此都還陌生的孩子，安心的一個人坐。

老師對新班級的學生不熟悉，開學又必須發很多教科書、簿本、通知單等，在還沒有認識、記住孩子前，可以先用座號順序安排座位，方便發放簿本及掌握學生動向。

等學生彼此熟悉之後，我會將原本分開的兩排座位合併。

因為學生到學校上課，除了學習知識外，最重要的就是團體生活及人際關係的相處練習，尤其是低年級學生，他們需要在一次次的相處過程中，累積經驗並歸納社交技巧。這時候，兩人相鄰而坐就會成為夥伴團，彼此需要去磨合，例如：東西不能放到旁邊同學的桌上、坐姿不能影響別人、要互相幫忙等。這種排法，雖然學生們容易「愛講話」，但是老師只要想著「他們正在累積經驗」，心裡就能體諒了。

浮動的特別座位

若有特殊學生需要照顧時該怎麼辦呢？可以採取分排和合併坐並行的方式，我會將座位分為五排，一、二排合併，四、五排合併，第三排在教室正中央單獨一排，專門提供給還不太會跟人相處的學生。這樣一來，老師上課的時候容易照看，他們也比較不會影響旁邊的人。

單獨一排座位的學生容易被貼上不乖的標籤，因此這一排座位人員是浮動的，不會長期讓某人固定坐在這個位置上。這些學

生也需要學習「和其他人相處的方法」，所以我會在課堂上分配他們融入其他併桌的夥伴團，並且給他們明確的指令：

指令	用意	老師可以做的事情
只能聽別人說，暫時不能發表意見。	練習聆聽他人想法。	指導夥伴團發言時，確認大家都將眼神看向發言者。
用便利貼作筆記，摘要聆聽重點，下課跟老師報告。	聽懂別人的重點。	指導快速筆記的方法，下課聽學生報告時，給予具體的肯定並且不批評。例如：剛剛你聽到○○說遊戲的玩法，有好好記錄下來，這樣一起玩的時候就不會因為不懂而吵架。學生需要多次練習，老師肯定的優點，他會歡喜記下，下一次就會再做。
要參與討論，但是不能被告狀。	練習正確表達自己的想法。	指導夥伴團決定一個主持人，安排發言的順序。
參與討論時，如果別人不接受，可以試著先聽聽別人的想法。	練習接納別人的意見、不堅持己見。	從旁協助引導：「我們試試看○○的方法，如果有卡住的地方，一起想想看怎麼解決。」、「○○的點子很棒，因為⋯⋯其他人可以考慮接受。」

　　融入夥伴團的時間慢慢增加，一開始可能只是課堂上的十分鐘討論，慢慢的會拉長為一節課、兩節課、半天、整天。融入的夥伴團可以採取輪流的方式，讓全班的孩子都有機會學習如何跟他們相處，而不是因為他們的行為而否定一切。

　　照這方式做，用不了多久，中間單獨一排的座位很快就會清空，老師就不必再花時間管囉！

分組座位法

　　四張桌子面對面合併在一起形成小組，是很適合課堂討論的排法，但也因為一抬頭就看見對面的同學，容易受到影響。這種座位方式不太適合低年級，他們太容易因為別人的一舉一動而分心，而中、高年級的學生有比較多的機會進行分組討論活動，這時候這種座位安排就很方便，課堂上隨時可以進到討論模式。

　　不過，上課需要看黑板的時候，有一邊的同學必須扭轉身體，時間久了容易不舒服。所以，當需要看黑板的時間比較久的

時候，我會請學生將椅子轉向面對黑板坐，兩邊的學生也得經常對調，輪流調整坐姿。

學習共同體模式升級版

前幾年流行學習共同體的上課模式，我覺得這種座位的排列不僅兼顧夥伴、小組關係，也能避免掉前述分組坐、分排坐的缺點。兩張桌子靠在一起，是學習夥伴關係，需要小組討論時，前面兩人向後轉立即成為四人學習小組，這樣的安排既穩定又有彈性。

我以學習共同體的座位排列方式（ㄇ型）為基礎，參考施信源老師在差異化教學研習提出的「內、外圈」做法，改良成互助且積極向上的座位相處模式。

在座位的空間上我調整擴大了ㄇ型中央的空間，這個空間讓老師上課巡視時，走在中間往兩旁一看，學生做什麼都能一目了然。當學生需要上台發表時，這個空間又成為一個伸展式的舞台，與觀眾距離更近，發表的作品也能更清楚被看見。

　　在座位的安排定義上，我將整個ㄇ型劃分為內圈的ㄇ和外圈的ㄇ，內外圈的ㄇ還有前後的區別。整體來看「內圈」是老師巡視時比較照顧得到的位置，越靠近黑板的，是越需要老師幫助的學生。而「外圈」則享有比較大的自主空間，例如：可以自己挑選座位、決定和誰坐在一起，這些學生課堂工作完成的動作較快，可以穩定、獨立做自己的事，但也仍然有靠近黑板和遠離黑板的自主空間區別。

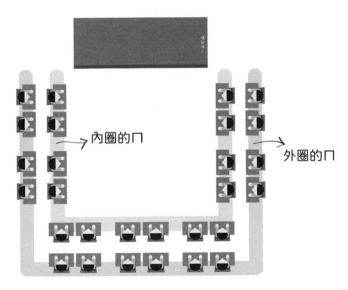

▲學習共同體座位升級版。

那麼誰和誰成一小組呢？有很多方法可以搭配：

(1) 內圈先定位，外圈自由選。

(2) 外圈自由選，內圈再配對。

(3) 外圈自由選，內圈再去選。

老師先區分內圈和外圈的人選。除了內外圈，還有離黑板越近的座位會安排越需要關注的學生。另外，靠近辦公桌的座位留給比較坐不住的學生，我會讓這位學生成為老師的特別祕書，課堂進行時，可以發派一些任務給他，讓他有正當理由起身走動。

當需要獨立作業的課堂活動進行時，我會拉一張有輪子的電腦椅，滑到中間大道，一個一個緊盯著內圈的學生，立即給予指導協助，外圈的學生獨立完成的能力較高，只要眼睛時不時的盯一下即可。

「內圈」和「外圈」的人員是會隨時調動的，「內圈」的學生學習穩定了，可以慢慢調往「外圈」，而「外圈」的學生若讓老師無法忍受了，就會被調進來「內圈」，所以大家都要努力學習才行。

在我的班上每個人在同班的兩年內，都會跟所有人有合作的

機會。班級就像一個小型的社會，有時候會遇到和不喜歡的人一起工作，那麼要怎麼去和這個人相處就是人際關係的學習。藉由這樣的座位安排，學生除了求知之外，也能從中累積與他人相處的經驗，進而創造一個積極努力、互助合作的教室。

小壁虎老師好妙招

如何讓學生桌椅保持整齊呢？以前我會把書背膠帶貼在地上做記號，但這麼做很容易就會因桌腳摩擦而掀開失去黏性。我也試過用油漆，沒想到要換教室前還得用去漬油清除，實在太辛苦。後來我在網路上看到有老師推薦使用便宜的紅色指甲油，地板擦乾淨乾燥後，沿著靠近學生的兩隻桌腳周圍，畫上直角或桌腳方形定位位置，學生就能輕易地將歪斜的桌子重新定位。指甲油的痕跡大約可以維持一個學期，沒被磨損掉的指甲油，用抹布沾去光水就可以輕易去除。

順利接納異己的座位小心機

教室內強調的是學習,「能夠順利的和其他人一起學習」是教室內的主要目標。消除制式化的想法,大膽的利用座位的安排,給學生情境練習的機會,提供他們相互欣賞的角度,就能營造出共好的學習氛圍。

學生的座位安排,除了桌椅排列的型態外,誰和誰坐在一起可處處是學問啊!除了根據性別、學科成績、個性特點、上課專心度等因素安排,還需要考慮學習狀況、特殊生的照顧,同時也要避免學生遭受排擠。

　　不同階段的學生在座位安排上也會有差異，低年級學生可以全然接受老師的安排，到了中、高年級開始會有自己的想法與意見，若是老師座位安排不妥當，上課的氣氛就會變得彆扭。我相信每位老師都有自己的一套，畢竟最了解學生的就是導師了，誰可以（或不能）和誰坐在一起，老師心中都一清二楚。只是，若用這樣的方式思考，有可能造成學生兩年內幾乎都跟固定的幾個人坐，而老師認為不適合的學生就永遠不會坐在一起。

　　此外，還有一件值得注意的事，以前我會安排善良的學生坐在特殊生旁邊，不過某次我看到一位善良學生的日記，裡頭提到他覺得自己很倒楣，每次都要被安排坐在某個人旁邊，因為經常要協助對方，使得他無法專心上課，下了課也要幫忙，造成自己的休息時間縮短。看完這篇日記，我心中震了一下，開始正視這麼做所造成的問題，難道善良的人就應該要理所當然多付出嗎？特殊生一定要他人協助嗎？是不是同樣可以經由設計，提供特殊生練習與他人相處的機會。

人際關係的練習

我認為教室就是一個小型的社會職場，儘管我們有不喜歡或個性上無法接受的人，但還是要學會與他們相處，這是人際關係的練習。不過，教室和職場還是有些不同，因為教室內強調的是學習，「能夠順利的和其他人一起學習」是教室內的主要目標。從這個目標出發，老師要做的就是製造很多機會讓學生練習和不同類型的人相處。

所以身為導師的我，在教室內經常變換座位組合。原則上大約是一個月換一次座位，同時也會因應班級的氣氛來轉換位置。我通常採用下面幾種方式來做安排。

命運安排法

交給命運的安排就是抽籤啦！這會讓換座位變得超好玩，我喜歡用撲克牌，抽到同數字的四人組成一組，而同數字又同顏色的兩人就是左右夥伴。這種方式適合新的班級，大家都還不熟的

時候使用，也適合在學期中突然來個打亂秩序的小刺激，擾動一下陷入疲乏的團體。

全固定與半固定

全固定的座位完全由老師安排，要這麼做老師必須對每位學生都有一定程度的了解，而且是有目的性的安排，例如：上課需要同質分組或異質分組、差異化教學、某些學生需要特別照顧等。我會將學生的姓名寫在便利貼上一人一張，這種做法方便移動人名進行預排，最後排定的座位表可以直接貼在透明資料夾中，放在講桌上供科任老師參考。

半固定的座位則是老師指定某些人的座位，其他人則可以自由選。這種方式我會運用在固定需要協助、上課注意力不集中的學生身上，先將這些學生按照「需要老師注意的程度」排定在內圈，越需要注意的排得越靠近老師。然後開放其他學生選擇要坐在哪一位的旁邊，成為互相學習的夥伴。有時候，也可以交換一下，先固定學習高手學生的座位，再讓其他人選擇。

自由選

自由選時我還是會小範圍的半固定些座位，例如：離黑板近的內圈還是優先給需要特別關注的學生。自由選時老師可以設定一些小規則，例如：不能選跟上次一樣的夥伴，要男女一組為夥伴，同一組裡面不能全部都是男生，選跟你沒坐過的人當夥伴，上次坐左側的要換到右側，找自己的好朋友等。讓學生們有不同的選擇，練習與同性、異性及個性、能力不同的夥伴相處。

給科任老師的座位表

身為導師在教室內經常變換座位，有時候會帶給科任老師困擾，所以每次變換座位後，我都會在黑板上貼一張最新的座位表，讓科任老師掌握學生座位。這種座位表可以先印一張空白的，名字則用便利貼寫上去，這樣可以貼來貼去重複使用。對了，記得將名字寫大一點，最好是一眼就可以看見，才會方便。

換座位的小心機

雖然我能利用座位的安排來製造機會，但學生難免會出現討厭誰、不想和誰坐的意見，這時候我會加入一些小心機引導學生選擇夥伴。

夥伴是要坐在旁邊一段時間的人，我跟學生說與其打量別人的缺點，不如以互補的角度來看，想想自己的個性，選一個跟自己個性不同的人作為夥伴，雖然一開始可能會互相看不慣，但需要合作的時候往往就能互相補足缺點。想要這麼做，老師平常在課堂上就要先下功夫，我會找學生的優點來稱讚，例如：「你的心思很細膩，連這種小細節都看得出來。」、「你很會抓重點耶！」、「你做事情很細心，連一根頭髮都不放過。」、「你很有秩序感，什麼東西到你手上都變得整整齊齊。」用具體的讚美來取代「你好棒」，讓學生能看見自己與他人的優點，如此一來，在選擇夥伴的時候就容易多了。

當然，老師也可以設計一些活動無痕點亮學生。某次我設計了一個解謎任務，本來大家都不想和他一組的 A，在遊戲中發揮

了很大的作用，看出別人沒注意到的圖形及文字細節，最後他的組員跟我說：「沒想到 A 竟然有這種天才智力，真是適合當找答案的夥伴。」

在自由選座位時，我會請學生以「挑選適合自己的教練」或是「挑選培訓選手」的角度來考量，兩人是共學夥伴，也是彼此的教練，例如：A 是 B 的國語、數學教練，B 則是 A 的美勞教練。有時是學科上的教練，有時是生活上的教練，甚至可以安排一些活動，讓學生有互相協助、彼此合作的機會。當學生們有著能欣賞彼此的眼光，我們的班級自然就能成為學習型教室。

閱讀包圍的教室

當老師營造了好的閱讀環境與氛圍，並且以身作則陪著他們讀、帶著他們說，學生才能真心的愛上閱讀，進而從書裡獲取長遠安頓身心的力量。

初任教師時，我在都市的學校任教，那時候如果學生有什麼學習上的困難，只要寫了聯絡簿，過不久學生就會「自動好」。幾年後我調到一個全校只有六班的鄉下小學校，而我帶的二年級班上雖然只有十一人，卻讓我遇到很大的挫折。聯絡簿寫再多也沒用，因為沒有家庭支持系統的孩子，甚至連晚餐都無人打理，老師只能靠自身的力量翻轉教學，來改善學生的學習狀態。

　　我還記得某次活動請學生帶家中的書來學校跟同學們一起分享，想不到有人竟連一本童書都沒有，心中除了感受到震撼，更多的是心疼，即便無法決定出生環境，我希望至少還有老師可以帶著他們做些改變。

　　閱讀是靠近世界最容易的方式，透過文字和圖片就可以到達從未想過的世界。臺灣過去十幾年來在閱讀教育中投入大量資源，強調閱讀策略學習，這也是我接觸閱讀教學的開始。有段時間，我強烈想要尋求方法改善教學遇到的困境，當時我透過閱讀學習專業，也經由閱讀安撫困頓的心靈。我心想，如果我可以藉由閱讀安頓身心並有所成長，那是不是也可以將這樣的經驗跟學生們分享呢？

營造靜心閱讀的時間

　　我們的孩子都太忙了，他們一進到教室就得開始繃緊神經，跟上教室內緊湊的節奏，每一節課要專心聽講，下課短短十分鐘

要上廁所、要準備下節課的用具，還要出去玩，匆匆忙忙的下一節課又開始了。當我們抱怨學生過於躁動時，或許也要想想我們是否讓他們有靜下來的機會。

　　用閱讀來練習靜心是最容易的方法，每天安排一個固定的閱讀時間，我認為早自習是最適合的時段，學生進到教室先抄聯絡簿、交作業後，就能拿出自己喜歡的書閱讀，這時候通常我也會跟著一起看。

　　這個時段沒有上課壓力，正好可以當作緊湊節奏前的緩衝。至於閱讀的時間長短，則需要考量學生們的專注力，原則上我會以一年級十分鐘、二年級二十分鐘、三年級以上三十分鐘來進行閱讀活動。

　　低年級的孩子可以從聽故事開始，每週固定一次晨間時間，我會講繪本給學生聽，一週一本，講完就將書展示在櫃子上讓學生自由翻閱。這個方法成功吸引了想要閱讀的學生，聽完故事後學生會想要自己讀，親自找找看老師說的圖畫裡的祕密。即使低年級學生的識字量不多，繪本仍然提供足夠的圖像訊息，讓他們只看圖就能理解故事。

塑造閱讀的環境

要推動閱讀，環境很重要，為了讓學生養成隨時有書可以看的習慣，我會在教室的周圍擺書櫃放書，若是空間不足也可以把書放在置物櫃的最上層，前面提到的教室座位安排分為內圈和外圈，外圈坐的是自主性高、學習快的學生，當老師在正中間指導內圈的學生時，外圈完成課堂任務的學生轉身就可以拿書來看，如此一來，速度快的學生有書可以閱讀，老師也可以安心指導需要陪伴的學生。

除了老師購買的書籍以外，當然要鼓勵學生上圖書館借書。只是，學生並不是老師口頭鼓勵，就會乖乖去借書。我還是會切分步驟，先在下課或早自習時間帶全班去借書，並規定借閱冊數。我通常會選在圖書館有志工阿姨在的時段前往，目的是希望學生能熟悉流程，之後他們才有辦法自行借閱。幾次後調整成，下課要求學生先到圖書館借書回來才能去玩。再過一陣子，提醒學生沒書可以看了，就要自己找時間去借書。如此一步步引導，讓學生知道在學校的生活，有很多零碎時間可以用在閱讀上。

養成閱讀習慣

　　讓學生養成習慣的過程，我重視的是「練習」，將步驟拆解，並且透過實際體驗來建立自主習慣。

　　要養成閱讀的習慣，首先得創造儀式感，運用固定的儀式來開啟閱讀時間。在我的教室裡會播放音樂，學生一聽到閱讀音樂就知道要拿起書來讀。某次我聽了一場大腦科學與教學的演講，講者提到一項關於音樂的觀念：只要是有歌詞的音樂（無論我們是否懂歌詞的語言），都會干擾大腦記憶。因此，純音樂或是寧靜無聲是比較適合閱讀的環境。不過，每個人能夠靜下心的情境不一樣，像我自己喜歡完全無聲的狀態，而我兒子喜歡用慷慨激昂的音樂做為學習時的背景音樂。只要了解自己，選擇能讓自己進入閱讀學習狀態的情境就好。

　　在班上，我會在不告知學生的情況下先試著播放不同類型的音樂，幾天過後找一個時間與學生交換意見，互相分享自己喜歡的類型，最後再決定閱讀時間使用的音樂。當出現不同意見時，就照日期分配，讓學生學習互相理解並體諒他人的需求。

　　我也曾將倒數計時器播放在大螢幕上，原本希望提醒學生時間，卻發現這樣的做法容易干擾，反而無法靜心閱讀。我最喜歡的閱讀儀式是敲鈴，簡單的一個鈴聲，可以用手機播放，或實體的手搖鈴、鈴鼓都可以，時間開始與結束時簡單地敲一下，學生就能知道。這個方法操作簡單，也能指定學生來做喔！

師生說書時間

　　有一次我在全班晨間閱讀時間翻閱一本做麵包的書，學生看到好奇的借去翻閱後說：「天底下還有這種書啊！」聽到這句話，我決定每週說一本正在看的書給學生聽，無論內容是什麼，我都用學生可以聽得懂的話來說明。透過閱讀分享，除了可以讓學生了解不同類型的書籍外，還能藉此機會推薦好書。有一陣子我在研讀中國出版的簡體字書，學生看了書後說：「這本書錯字很多，很多字只寫了一半。」實在是太可愛了。

　　這個活動施行一段時間後，可以讓學生加入，從老師說書

時間，慢慢地變成學生推薦書籍的時間。我會事先請小朋友帶幾本書來，放在教室內跟大家分享，這些書會貼上姓名貼，只能在教室內閱讀。為了讓每位學生帶來的書被看見，每週固定在某一天的晨間時間，請小朋友推薦喜歡或正在看的書。當然，上台前一定要有準備，我會在一週前預告哪些同學要上台，請學生利用時間先撰寫好台詞稿。這樣一來上台就不會呆站，等練習幾次之後，也可以改成小組模式，讓學生在說書時間自行分享。

故事類的書報告台詞

大家好，我是（　　　　　　）。
我想要推薦（　　　　　　　　）這本書，
這本書是（　　　　　　　　　）——說明怎麼來的。
內容大意是
起因：
然後：
後來：
結果：
希望大家可以來看看這本書。

　　　　　　　　　　　　　　　　　　　　　　謝謝大家

知識類的書報告台詞

大家好，我是（　　　　　　）。
我想要推薦（　　　　　　　　）這本書，
這本書是（　　　　　　　　　）──說明怎麼來的。
我從這本書學到的三個知識：
1.
2.
3.
希望大家可以來看看這本書。

謝謝大家

　　說書時間一定要準備麥克風，就不怕害羞的學生聲音小。也可以善用數位工具或平台讓學生事先錄音，在說書時間播放，效果更好。像這樣的說書活動，可以有多種變化：

⑴ 老師分享。

⑵ 學生分享，老師依據學生分享的優點給予回饋（無論如何一定要找出優點）。

⑶ 學生分享，學生發現優點給予回饋。

⑷ 組成說書小組，組內互相分享。

(5) 每月票選說書高手，老師可以發揮創意更換頭銜，例如：
最佳潛力說書高手、最想看哪本書等。

要介紹一本書，需要先理解內容，再統整書中重點、吸引人的地方、特別之處，這些都能訓練學生歸納整理的能力，同時他們也透過多次的發表機會練習口語表達，比起寫閱讀心得，說書活動能讓閱讀更有效益也更有趣喔！

讓家長也愛上閱讀

除了教室內的閱讀環境經營，家庭也是養成閱讀習慣重要的一環。我會用自編的閱讀咒語引導家長共創家庭閱讀氣氛。

「乎西乎卡，啪啪休，七七粗粗哇嗯哈。」

「乎西乎卡」就是「無時無刻」的諧音，希望營造一個無時無刻都有書可以閱讀的環境，書包有書、抽屜有書、教室有書，這是教室內的閱讀環境，家中也可以這樣做，廁所有書、床頭有書、沙發旁有書，家長可以製造更多看書的機會，到餐廳吃飯等

候的時間、看病等候的時間都是可以閱讀的時間。

「啪啪休」是關電器的聲音，小時候的電視關機時會有一個輕微的啪聲，閱讀時間將家中的電視、電腦關掉，全家人的手機、平板統統收起來，這個時間需要家長一起配合，大人跟孩子各自拿喜歡的書閱讀。用最簡單的計時器（千萬不要用手機或平板計時，因為往往還沒找到計時器的 APP，就滑到其他地方去了），從十分鐘開始，每天只要十分鐘，時間到了想繼續或結束都可以。當閱讀的時間能夠越來越長，表示孩子的專注力也跟著提升了。

「七七粗粗哇嗯哈」即是經常分享閱讀的想法。「哇！有這種事啊！」、「嗯，我覺得你說得很有道理……」、「哈哈！跟你分享書中有趣的……」像這樣透過分享閱讀，可以聽見不同的觀點或是理解對方的想法，更能增加親子間的互動。

現在的大人和小孩被手機或平板綁架得很厲害，稍微離開一下這些設備就會焦躁不安，全家人每天固定一起閱讀，讓孩子知道沒有手機或平板，也有很多有趣的事可以做。

將家長一起拉進來合作是老師推行任何事情成功的關鍵，如

果家長願意在家裡營造閱讀的時間與空間，從十分鐘、二十分鐘到三十分鐘，將可以看見孩子的改變與成長。

小壁虎老師
好妙招

教室內的圖書來源除了請學生帶來分享、教師自行購買外，還有許多資源可以運用。學校圖書館就是一個大寶庫，在我任教的學校圖書館裡，教師身分可以借三十本書，借閱期限是一個月（可以請學校圖書系統管理員設定借閱規則）。目的是讓老師可以自由挑選書籍後統一借出，放在教室裡作為閱讀書庫，一個月再換一批書，這樣教室裡就會一直有書供學生閱讀。我會以主題方式借閱，有時是依據上課內容；有時是議題，這些書可以選一個固定時間閱讀，成為全班的共讀目標。

此外，各縣市愛的書庫共讀書箱以及線上電子書都是非常好的資源喔！

CH.2

班級事務公司

看一眼就完成點收的作業管理

在班上設計一套作業管理流程，可以訓練學生自主管理的能力，這過程必定會有許多失誤與狀況，但我們要不怕麻煩，不斷給孩子們修正的機會。

一個班級導師的工作不僅僅是教學，占據導師大部分時間的幾乎都是學生的生活管理。為了讓來自不同家庭背景的學生能夠一起學習，教師的角色也絕對不只是管教與維持秩序。

我喜歡將班級視為一間人才培養公司，教師的工作就是引導這些沒有「工作（學習）經驗」的學生，能夠與他人溝通、合作與學習，最終能夠從強調外部控制和指導的「他律」，逐步往強調個人內部控制和自主性的「自律」發展。既然班級經營是引

導的過程，就需要將班級經營視為教學規畫的一環，將其融入課堂、結合生活。

　　記得初任教師時，開學那天的午餐時間，我完全沒有想過要安排什麼流程，當學生問：「老師，可以吃飯了嗎？」我不加思索的回答「可以」後，三十幾人蜂擁而上，導致拿好飯菜的人與正要取餐的人迎面撞上，之後的慘狀可想而知了。其實仔細想想，學生們來自不同的家庭，在家中用餐時並不需要排隊，也不需要考慮動線，反而經常被家長要求動作快一點，來到教室當然就是照同樣的模式做。

　　因此，我認為班級經營其實就是引導孩子改變自己，適應團體生活的過程，而這個過程需要老師的示範、規畫情境，讓學生能在生活中學習。

規畫流程讓班務更順暢

　　導師在教室裡除了上課外，最大的工作量應該是收發及批改

作業。如何讓交作業的方式簡單、迅速、清楚，每天清點作業能一目了然，輕鬆掌握缺交者，是小壁虎老師教學生涯重要的行動研究之一。「到底是誰沒交作業」這件事，老師絕對不能只是重複碎念過就算了，在我看來這牽涉到「作業流程」的問題。在企業管理中，企業內部會針對特定任務或活動制定一系列步驟和流程，以實現預定的目標並高效地完成工作。班務的管理也能如此進行，如果老師將步驟與流程都先設想好，少了卡住的問題點，班級運行起來自然就流暢。相反的，如果班級有個問題一直存在且不斷重複，那麼一定是某個部分沒有規畫好。

以繳交作業為例，「是誰沒有交習作？」這種提問常常問不出答案，因為學生根本沒有意識到是自己沒有交！這時候，一般的做法會請班長或是負責的學生清點習作，將習作按照號碼排，或是用號碼表一本一本對照劃掉號碼。但我總覺得「為什麼沒有交作業的人忘得輕鬆，其他人卻得為了他而忙呢？」一個班級裡，每個人都要知道自己的責任，老師的角色不是管東管西，而是引導學生覺察自己的行為。

那就來設計流程，讓每個人都承擔責任吧！

繳交作業的 SOP

　　要解決缺交問題，首先要讓作業「可以迅速點收」，也就是一疊作業本交來老師看一眼就知道誰沒有交。如果作業有三十本，當然做不到！那就減少本數，以一組四人為單位，看一眼有四本就不用再花時間檢查誰交了、誰沒交。

　　為了達到「看一眼就點收完畢」的目標，就需要找尋適合放作業的容器。而這個放作業的容器應該是以組為單位，於是我買了那種紅色、藍色的長方形大籃子，剛好可以放進左右兩疊作業，這樣一來，只要各組作業長看一眼，就能知道有沒有交齊，整個效率大大提升。

　　有了裝作業的容器後，還要考量擺放在哪裡及繳交作業動線。如果全部都擺在黑板前的小桌子或櫃子上，學生進到教室交作業的顛峰時間肯定會塞車，只要塞車了，就容易引起插隊、聊天的風波，所以最好的方式就是將這些作業籃子跟著組別放在教室周圍，距離近且不會互相影響。

　　上述的做法已經可以達到「看一眼就點收完畢」的目標，在

低年級作業種類不多的情況下已經夠用。但是，中、高年級作業種類多，又有科任老師的作業要代收，一個籃子擠了幾種作業，「看一眼就點收完畢」的目標又被淹沒了。那就再改進吧！最後我大手筆買了四層有輪子的推車，每一組一車，不僅可以放不同類別的作業，最底層也能放代收的科任作業，還可以推來推去真的非常方便。

讓學生練習自我管理

　　老師端收作業的工具都設置完畢後，接下來就是要讓學生依照自己的責任來管理作業。每個人交作業的時候都要先覺察自己有沒有全部都交了，若有忘記帶、忘了寫的作業，要先用紅筆註記在當天聯絡簿欄位，紅字代表重要的事，用意是提醒自己明天要記得補交。隔天補交的作業自己夾入聯絡簿，小組長看到補交作業後，就在昨天的紅字上做記號，表示已經補交。這個部分我會希望學生都能先主動做到，功課缺交不會有處罰，但要自己先

覺察到並且想辦法補救，有的學生會利用下課或午休時間補完，這也代表他們懂得自己管理並彌補疏失。

　　如果在個人覺察階段沒有誠實面對，到了小組長「看一眼就點收完畢」那關，就由小組長來提醒，在這個步驟中若個人惡意逃避三次，小組長就會跟老師彙報，由老師出面了解狀況，與他討論面對的方式。

　　小組長「看一眼就點收完畢」後，將整組作業送到總作業長那邊，由總作業長彙整所有作業，登記缺交並疊好方便老師批改，這時候如果有推車那就太方便了，小組長直接將推車推到固定處，總作業長一車車收取，流程順暢無比。最後，老師要會「放聲思考」，「今天的英文課我要先改數學習作，因為數學課要檢討；音樂課要改句子本，回家功課要寫這本。」總作業長聽了幾次後，就學會幫老師安排哪一節空堂要改哪一種作業，在桌上按照批改的順序排程給老師啦！

　　讓學生成為管理自己的主人，分層組織從個人開始，到小組長、總作業長，每天都在練習自我管理，老師只是協助調解，流程順暢了，自然可以不必再煩惱囉！

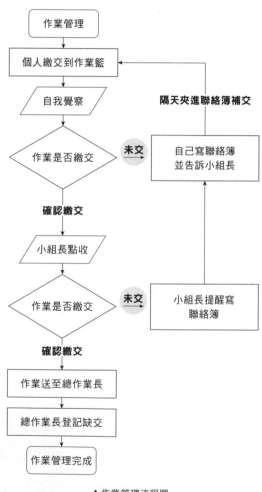

▲作業管理流程圖

如何處理經常性缺交

「看一眼就點收完畢」的收作業目標，每天重複練習與協調後，幾乎不太需要老師再碎碎念了。小壁虎老師從此就過著躺著教的生活了嗎？事情當然不會這麼簡單！

誰的數練作業還沒交？

為什麼沒寫？什麼時候要補交？

又是這些人？為什麼每天都有人功課沒交？

為什麼每次這本作業你都寫得這麼隨便……

相信大家都說過同樣的話，學生經常性缺交作業的狀況往往讓人頭痛，我相信「事出必有因」，想要解決這個問題，就需要透過老師的細心觀察，而且一定要想辦法改善才行！（行動研究魂上身）

找出缺交的問題點

學生無法按照老師規定時間完成作業的原因千奇百怪，比

較常見的是：忘記帶作業回家、聯絡簿漏抄、忘了寫、家庭聚會太晚、上才藝課沒時間⋯⋯。有的學生會用「不會寫」三個字回應，也有的學生理由很多，但事實上只因為想要快點去打電動。面對這些作業缺交問題，我會關注頻率及作業類型，若是作業缺交的頻率高，就要了解學生在家學習或家庭的狀況；若是某些類型的作業經常缺交，就要考量調整作業難度。學生的行為會反映出很多問題，如：家庭、情緒等，因此與這些學生以解決問題為方向的溝通就很重要。

理解孩子立場

每次遇到這些影響班級運作流暢度的問題，我就會花時間與孩子們討論，了解原因才能對症下藥。在這個過程中，我發現除了缺乏自制力、貪玩外，還有才藝班、補習的時間也會影響學生作業完成度和品質。他們有的固定星期幾要上才藝或補習，回到家都很晚了，筋疲力竭的狀況下，當然無法好好完成作業。

有什麼方法可以改善呢？我會跟學生討論，讓他們自己找出

原因，再擬定改善方法。有學生提到能不能將某項作業改到其他日子寫？但這時又會有人提出反對意見，因為那天是他要補習的日子，這該怎麼辦呢？

　　依據學生們提出的需求「作業減量」與「自己安排進度」，我和全班討論共同設定了「你輕鬆我輕鬆的作業管理」目標。

　　首先在「作業減量」部分，生字甲乙本是必須要寫的，但是每個字練習的次數可以自己決定，老師的基準點是寫兩個字，如果覺得自己寫兩次記不起來，那就寫三次；如果覺得寫一次就可以，那就寫一次，但要保證聽寫全都會。圈詞的話，以往是回家寫兩次後隔天小考，現在改成回家自己準備，小考分數決定抄寫次數，一百分當然就沒有功課囉！這麼一來，在學生端書寫次數減少「你輕鬆」，在老師端批改時也要「我輕鬆」才行，所以每一種作業都要「非常漂亮」才能過關。

　　接著，「自己安排進度」部分則是每週固定會有的功課，週五前要全部交齊，至於哪一天寫、寫多少都由學生自己決定。聯絡簿的第一項填一個空白的括號，每天抄聯絡簿時把自己的規畫填上去。同時我會用 A4 紙印全班座號的表格數張，護貝貼在黑

板上，再買足全班數量的圓形磁鐵，只要交了哪項作業，就用磁鐵把自己的座號蓋起來。

第一週，有幾個學生前幾天過得超級輕鬆的，打算將所有功課擠到星期四再寫，當然就會有悲劇發生。不過這都是過程，積欠的作業總是要還，而且還的時候就不是自己決定寫幾個字了，而是全部的格子都要寫。

為了不增加安親班和家長困擾，必須由造成窘境的學生自己負責，所以補作業只能犧牲玩樂、休息的時間，請學生將每天要補交的作業進度用特殊顏色筆安排到聯絡簿上，這時候學生還是得練習衡量每天的課程量及體力，最後依照自己的規畫每天到老師面前的小桌子補完。

我的目的還是希望學生能學會規畫自己的進度，所以補交規畫也正是老師一對一指導的好時機。

第二週執行時，我在星期三就會提醒，並且關心不會規畫進度的孩子，與他進行對話：「今天要寫什麼進度？為什麼沒有規畫進度？今天沒寫週五來得及嗎？……」讓孩子不斷去思考並累積經驗，來回幾次大部分的孩子都可以自己掌握進度了。

　　功課減量後，學生閱讀的時間增加了，還可以每天複習當天的上課內容、掌握學習進度，更多了自己的時間，學生們都非常喜歡。

　　實施了一個月後，大概只剩下非常依賴安親班的孩子仍然無法管理自己，這時一對一指導的機會又來了，我會在週一就讓他先在老師面前把當週的作業安排好，填在聯絡簿中，並且和他討論確認，在自行規畫的時間內，課業是否能如實完成。接著每天都要來向老師報告自己做了什麼樣的努力。在一對一指導後，很快的這些學生也都改變了。

　　「你輕鬆」能讓學生更用心寫作業，因為都是安排在自己沒有補習、上才藝的日子寫，不會趕時間，次數自己定，學習的事自己管。

　　「我輕鬆」老師每天只要到黑板前收當天交來的作業簿批改，感覺本數少一下子就改完了，心情很輕鬆，而且每本作業品質都很好，批改作業變成是愉悅的享受。

　　先前和學生們共同定下的作業目標，就這樣在每個學生身上都一一實現了。

建立彼此用心的正向循環

「簡單的回家做，困難的在學校做」老師在出作業時，必須要把握這個原則。回家作業不為難學生，沒有家庭系統支援的孩子也能順利完成，可以減少作業缺交的負能量。我對學生的作業要求是讓老師看見「用心」，這個用心並不是要求作業都要全對，而是留下認真的「過程」。

例如：生字甲乙本，雖然可以按照自己的能力決定練習寫幾個字，但是寫字的過程必須用心，字體的筆畫痕跡可以看出每個筆畫用心的停頓點，而不是龍飛鳳舞的亂撇。

例如：數學練習題，每天只有幾題，但是每一題都要記錄計算過程，包含快速計算的直式都不要擦掉，因為這樣老師才能看出來哪裡出錯或觀念不清。

例如：忘記帶作業本回家，可以先用白紙書寫，表現「解決問題」的誠意。

許多家長或安親班都會誤會老師的意思，以為「用心」就是「全對」，學生寫下的答案很多都被改過，這樣一來老師只是打

勾的工具人。我會一次次地跟家長和安親班溝通，只要檢查「有沒有寫完」，不要管答案正不正確、句子通不通順。因為作業是老師和學生的事情，我希望可以透過學生用心完成的作業，去檢核學習成效並找到未學會、觀念錯誤的部分。

　　太過依賴家長或安親班檢查作業，學生會在不知不覺中失去對作業負責的態度，而產出一種「反正爸媽、安親班老師會幫我檢查，我隨便寫也沒關係」的不當心態，而這就不是我們所樂見的了。

　　最後跟大家分享我在批改作業時的小祕訣，以生字甲乙本為例，每次批改時我會將最美的字用紅筆框起來打星號，看到被老師打星號的字學生都會很開心，而且這個字以後都會寫得這麼漂亮喔！

　　在改作文時，我會用彈簧符號標注用了好詞的句子，以及達到老師標準的佳句，學生看見老師的正增強後，未來在寫作之時就會經常運用。

　　久而久之，學生會知道老師是用心在批改他們的作業，「你用心，我用心」的情況下，師生間就能形成正向的循環。

學生請假時，進度與作業怎麼辦呢？我會印一疊「請假授課備忘單」放在桌上的小籃子裡，只要有人請假，會由班長或組長填寫這張單子，將每一節課（包含科任課）的進度，以及回家功課記錄下來，等學生回到學校再貼在聯絡簿上。（如右圖）

上課的進度老師可以利用午休時間協助學生補上，回家功課可以分多天完成，我會在完成的項目上打勾作記號，如此一來就能方便追蹤與確認。如果提前知道要請假，也可以先將預知的進度寫給學生，讓他在請假前可以先完成一部分，減少回校後補作業的份量。

學生需要學習的是「如何分配時間」，請假回來後，我會請他在聯絡簿上用不同顏色的筆預排要補的進度，依據自己的狀況來安排時間，老師只負責確認是否完成及在需要時提供協助。有時，也可以請組長或好朋友協助教學，尤其是科任課的內容，透過同儕間的指導，學習效果可能更好。

請假授課備忘單

小朋友，你請假的這一天我們都很想你！
老師把上課的內容記錄下來，請你找時間將進度補上，
如果有不懂的地方，可以問老師喔！

科目	上課內容	預計完成日期

流程視覺化，擺脫碎碎念

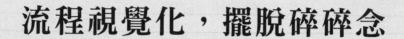

要讓學生懂得自我管理，不是靠碎念與提醒，老師得提供他們練習管理自己的機會。用視覺化的提醒讓孩子看見「流程」與「自己」，學生就能察覺自身的責任所在。

教室裡的工作是一連串接續且緊湊的事項，上課前的規則、上課時的步驟、下課須完成的事情、吃飯後的潔牙、每週一次的含氟漱口水、打掃工作檢核、訂正作業……老師經常要不停的碎念提醒這個、提醒那個，但是不斷被提醒的學生，並不會變得主動，反而會因為「反正老師會提醒」而更加放空。

所以我們必須將負責任的主動權還給學生，我會在教室適當的地方製作一些視覺化的提示，同時加上自我檢核動作。最常見

的就是用 A4 紙印出檢核表格，完成事項後自己或組長去打勾。但是，我發現這樣的方法用沒多久後，就變成老師或組長看著那張紙提醒沒完成的學生，如此又回到碎碎念的原點了啊！

把管理權交還給學生

　　視覺化的目的除了要提醒學生外，更要讓他們「看見自己」，所以我幫每位學生做一個小卡通人物並且剪好後護貝（稱為替身卡），大小大約是 A4 紙的一半，正面貼上座號或姓名（也可以用每個人的照片），背面貼上磁鐵片，接下來就是讓學生習慣去關注自己處在哪個位置。要注意的是，姓名或座號一定要夠大，不管在教室的哪個位置都要能看得見。

　　例如：在我的教室裡，中午用餐流程為：用餐→潔牙→含氟漱口水→擦桌子→午休。我就在黑板上寫上流程，並用直線畫出區隔，所有的替身卡從起點開始，只要完成動作就可以將自己的替身卡擺放到下一區。

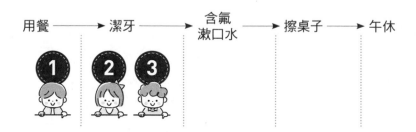

　　如此一來，學生就容易關注自己是否落後其他人而加快動作，也能清楚知道下一個動作要做些什麼，最重要的是不必再由小組長或老師叨念提醒，老師只要望一眼黑板上的流程圖，就可以知道誰正在做什麼。

　　課堂上一樣也可以比照辦理，讓學生自主的按照步驟完成任務，把管理權還給他們，這麼一來，老師就可以專心指導需要幫忙的學生。

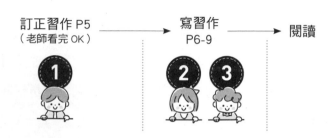

視覺化的作業管理法

作業訂正追蹤也是管理上的大魔王，因為「沉睡的人」總是一派輕鬆，著急的永遠只有老師。每個學期初都會有人送老師號碼簿，用來收作業、追蹤訂正進度很好用，交了或是訂正了，就將號碼劃掉。不過，這種號碼簿放在老師桌子上，只有老師看得見，無法達到讓學生自我管理的效果。

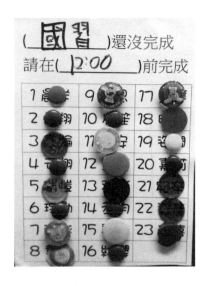

為了讓作業訂正追蹤也能視覺化提醒，我會在作業發下去的同時，貼一張印有全班座號、姓名的表格在黑板上，最上面顯示「（　　）還沒訂正好，請在（　　）前完成」括號內可用白板筆書寫作業項目、期待完成的時間。用 A4 紙印好後護貝，就可以重複使用。作業全對或讓老師看過訂正完畢的（我會在作業上

蓋「已訂正」印章），就用磁鐵將自己的姓名遮起來。

　　如此一來，每個人都能看得見自己有沒有完成，在老師期望的時間內自己安排時間訂正作業，將管理權還給學生，學生也學習到視覺化的提示法，未來可以再引導他們自己製作視覺化提醒貼在桌上，成為主動管理者。

便利貼是個人提醒好用的工具，教室裡常常會有需要服藥的學生帶著藥品到學校，服藥時間有的是中午、有的幾小時就要吃一次，以前我的桌上會有一個放藥的籃子，每天早上需要服藥的學生，會把藥袋放到籃子裡，接著我會請他們自己寫一張吃藥單貼在桌上，只要在便利貼上寫「幾點吃完飯記得吃藥」，字體大一點、用粗一點的筆寫，然後將便利貼貼在桌子上，就能自己管理吃藥的時間。不過，如果是需要定時服用的藥物（例如抗生素），我會再多寫一張貼在計時器或鬧鐘上，這樣一來鬧鐘響了就會看到那張便利貼，好提醒學生吃藥。幾次後，計時器或鬧鐘就可以放在學生桌上，不用再透過老師啦！

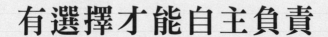

有選擇才能自主負責

　　老師們在班上都有幾個能幹的小幫手，但想要更輕鬆的處理班務，就必須設法讓所有人都動起來，讓每位學生都能有自覺的管理自己與團隊。

　　在公司裡每個人除了自己的工作外，跟同事間也會有需要合作的項目，還有在管理階層賦予的部門目標達成的同時，更要與其他部門合作，也就是沒有一個人是可以不做事或只顧自己而存在的。CEO 只要負責決策、掌握進度及協調各種事物間的衝突，讓所有個人與部門工作順暢。如果班級是一間公司，教師的角色就是 CEO，要讓公司運作順暢不是直接去管理每個人，而是讓班級公司裡的每個人動起來，讓人人有事做，透過分層管理制度層

層負責，如同大小齒輪互相牽引轉動而流暢運作。

　　《如何改變一個人》書中提到「讓人自主的方法是讓人們挑選路徑，自行選擇要如何抵達你希望他們去的地方。」讓學生在有限的選項中做決定，能保有自由與掌控的感覺，相較於被規範所產生的反抗感，他們更願意主動去完成。

　　我們試著想一想，離開學校後進入職場，每個人都是主動做好自己負責的工作，我們並不需要老闆不停地盯場。雖然小學生離就業還有一段時間，但學校就是一個小型的社會，學生需要學習如何對自己負責，同時與他人合作，教室可視為一個微型職場，班級事務、打掃工作、個人作業等就是學生要負責的工作，我們就用職前訓練的態度來引導學生產生自主性吧！

人人有事做，人人都是長

　　班級裡常見熱心參與班務的學生，這些學生也常常是老師倚重的幫手，重要的任務交給他們準沒錯。只是久而久之，這些熱

心的同學容易從「能者多勞」，變成「能者過勞」，而其他同學有的隔岸觀火，有的如觀眾看戲，好像都跟他們無關似的。如果每位學生都能知道自己該做什麼，還會主動去完成，那真是太美好了！

　　真實的教室裡，我們常常在一開始的時候建立許多規矩，依照老師的規畫要學生執行與遵守，如此是將整個管理權放在老師身上，學生絕對不會就此乖乖就範，因為這樣的做法是外在強加的，他們不需要知道自己該怎麼做，反正老師會在旁邊不斷的提醒。有時我們會將管理權「下放」給班級幹部，但學生還是處於被動的被約束狀態，他們願意配合有可能只是因為有罰則或獎賞。只靠外在動機，缺少自由意志無法真正改變行為。

　　讓班級裡每個人都是「長」是近年來大家很推崇的均等管理方式，希望每個學生都能發揮所長，每位學生都能有表現的機會。開學的時候我會將所有班級性的事務列出來，用推舉或認領的方式分配各種「長」。

　　管理人事的長：班長、秩序長、整潔長、潔牙長等，這些「長」負責管理其他人員，班長要喊口令、整隊；秩序（風紀）

長要管秩序；整潔（衛生）長要管打掃認不認真；潔牙長要管大家有沒有執行潔牙動作……。這些管人事的「長」其任務是檢核他人是否守規矩。

管理設備的長：電燈長、黑板長、電腦長、投影機長、各科作業長、圖書長、玩具長、桌遊長、門窗長等，這些「長」負責管理、整理設備。

管理物品分配的長：含氟漱口水長、牛奶長（發牛奶）、營養長（午餐協助打菜）等，這些「長」的職務是處理經常性的分配物品工作。

其他的長：回收長、愛麗絲長（倒垃圾）等，這一類的「長」負責大家比較排斥的工作。

無論如何，我就是會編齊學生人數的「長」，同時將每個「長」要做的事情印成小卡讓學生貼在桌上，做為提醒。

這麼多「長」相對的每個人要負責的事情就變得比較細小，好處是工作目標容易達成，壞處則是因為工作太瑣碎而容易忘記，如果這些「長」忘記了，最後還是需要老師提醒。

這樣的方式表面上每個人都有負責的工作要做，但我們可以

發現，所有的「長」只是執行或是幫大家服務的人。曾經就有學生抱怨，當桌遊長很倒楣，大家下課玩桌遊，聽到上課鐘聲就鳥獸散，桌遊長就得負責收拾。有了為大家服務的人，就會出現很多放空、推責的人。最後管理權還是集中在老師身上，所以老師還是要經常性的提醒這個、交代那個。

讓各部門擁有管理權

我的目標是要讓每個人都動起來，所以人人都須擔任管理的任務。首先，老師將每次上課都需要碎碎念的項目分配到四人小組內，由組員擔任這些工作的「長」，並將管理權交還給組內自主管理。

整理長：老師上課時經常需要提醒學生將桌椅調整整齊。那麼就來選一個整理長吧！只要動動口說：「整理長，桌椅。」整理長就指揮組員對齊桌椅。再進階一點，整理長只要上課鐘聲響起，自動先執行桌椅排好的工作，老師就連口都不用動啦！

作業長：早上固定時間老師說：「作業長，收作業。」作業長就會檢查每種作業是否都有四本，缺交的、補交的在聯絡簿上做記號，並將作業送到集中處。等運作順利後，時間一到，作業長進階自動完成上述流程，老師就能輕鬆掌握作業狀態。

乾淨長：中午用餐完畢的潔牙、含氟漱口水、擦桌子都可以交給乾淨長，還有放學前，當學生背著書包站在座位前時，老師只要說：「乾淨長，檢查。」乾淨長就得用火眼金睛，檢查小組座位範圍內是否還有垃圾。再進階一點，當大家背起書包，乾淨長自動要求組員清理座位，老師就不必在放學後當仙杜瑞拉啦！

分配長：小組內總是有需要主持人的時候，例如：分組討論的分工、內部糾紛的調解、臨時產生的工作等，集打雜與領導於一身的分配長，以服務大家為主的工作性質，取代以往具有優越階級的小組長位置。

一組四個人都是「長」，都擁有管理權，如此一來可以讓所有人都不再只是被動的服從或被約束的角色，而且管理一個四人小組簡單多了，這樣的概念有點像公司部門，每個部門區域自己管理。至於公共區域的桌遊、玩具、電燈、門窗等項目，則由各

小組輪流負責，固定在某個時間點，例如：放學或某節下課時檢查或整理完成。

組員與職務的分配

　　四人小組如何組織並分配職務呢？我喜歡用「命運的安排」來決定，畢竟現實社會裡並不會讓大家挑選工作夥伴，跟不喜歡的人一起工作，嘗試做不同的工作也是一種學習。我會將四種「長」的名稱印出來貼在名片卡上，利用不同字體來區分組別。每個人抽一張卡，然後自己去找同字體的組員成為一組，接著把這張卡用紙膠帶貼在桌面上。

　　工作和夥伴都是命運的安排，每個月換一次，老師只要仔細觀察並且找出學生做得好的地方稱讚（具體事實＋肯定），例如：「你的眼睛好厲害，連這麼小的髒東西都看得見！」如此一來，教室裡的每一個人都有事做、都能受到肯定，自然就不會有放空的人。

將小組升級為子公司

有一次開校務會議時，我邊聽各處室報告，邊在筆記本上做記錄，腦中同時構思新班級的幹部要怎麼安排，突然間靈光一閃：我應該要用 CEO 的角度來管理班級，四人小組既然已經成立，不如直接升級成公司好了！

服務公司：負責過去值日生的工作，舉凡開關電燈、投影機、冷氣、電扇，擦黑板，放學整理教室及關窗戶，下課時發放作業等業務。

幫手公司：即科任小老師，負責科任老師交代的事情、收科任作業後，讓教室內的總作業長負責整理作業，還有放學後將隔天的聯絡簿項目抄到黑板上。

健康公司：負責營養午餐相關事務，包括推送餐車、分配菜量、發水果或牛奶等，此外，健體課整隊、帶操、體育設備借還等工作也歸類到健康公司中。

事務公司：負責跑腿、維持教室整潔等業務，我會把班長配置在這個公司裡，因為在我班上班長沒有什麼權利，只負責上下

課喊口令，還有學校廣播集合時的代表而已。

　　衛生公司：負責健康中心事務，潔牙表檢核、含氟漱口水分配，還有垃圾與回收等業務，同時檢核每天的表格、登記事病假，表單需要交出去時找老師蓋章。

　　總務公司：負責晨間閱讀時間敲鈴、圖書館事務、書箱整理、書櫃整理維護、成績登記、黑板上的日期更換等業務，此外，還有一個重要的工作是發薪水。

　　我會把這些公司的業務項目列出來再貼在較大張的卡片上，一樣採用「命運的安排」，小組抽到什麼就開哪間公司。拿到業務項目大卡片後，四人小組開會分配工作，老師只要最後聽取各組報告分配結果，並注意是否有分配不均的現象，給予建議即可。這張大卡片交由公司經理（推派）保管，他們同時也是業務單位窗口，老師有什麼想法只需要找公司經理。

　　從個人作業、座位整理、小組管理工作，再到公司事務，每個人都是教室裡不可或缺的人員。我會將各組別的成員座號及公司名稱做成可以貼在黑板上的視覺化卡片，只要護貝並在背面貼磁鐵片，就能貼在黑板上當作計分板（如下圖）。每個同學從自

我管理起，沒做到的就做記號記點（例如作業缺交），這會成為扣薪水的依據。曾經有一個孩子經常作業缺交，組員夥伴為了讓他不再被記點，教他怎麼整理書包，不會寫的作業利用下課時間協助他，甚至來跟老師申請午休時間不睡覺幫他加強課業，這麼感人的小組，老師當然也是放大優點與彈性，甚至給補救機會，就是為了讓他們有成功的經驗。

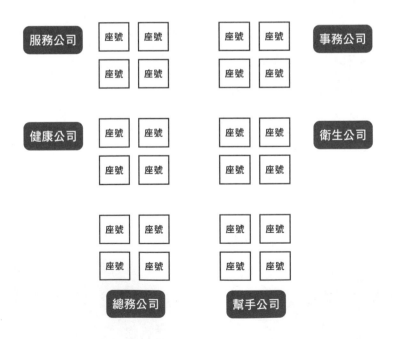

　　像這樣建立起分層管理的制度，老師不再是集權者，而能專注在管理上，就可以用觀察、欣賞的角度來領導班級囉！

小壁虎老師好妙招

既然成立公司自然得發薪水囉！我會到文具店買玩具鈔票，並在每張鈔票背後蓋上老師的印章。每個人有固定薪水，同時也會依照表現扣薪。每週固定發薪日、換獎日。每個月可以集資兌換特別獎勵。我喜歡用「特殊享受」作為獎勵，像是午休時間全班都要睡午覺，只有獲得獎勵的組別可以吃下午茶。還有麥當勞早餐也很受歡迎，只有獲得獎勵的人可以在早自習吃香噴噴的麥當勞早餐，誘人的香味，當然更加刺激大家積極向上。

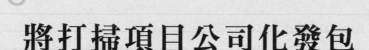

將打掃項目公司化發包

> 　　打掃工作也是需要教的，先協同家長力量教導孩子，再利用既有的「公司團隊」讓學生自主分配工作、調整方法，把事情交給學生，老師只須從旁協助、協調即可。

　　教室裡的事項不只有作業還有整潔工作，每個班級除了自己的教室外，還會分配到外掃區。導師在打掃時間是非常忙碌的，要指導學生如何使用掃地工具，還要走到外掃區查看學生打掃情況，但是導師只有一個人，無法兼顧所有的場地，實在是讓人感到分身乏術！

　　現在的孩子在家裡做的家事，跟學校打掃時間做的掃除工作相差甚遠，例如：家裡大部分都是使用吸塵器、除塵紙拖把甚至

是掃地機器人，但是學校使用的工具是掃帚和畚箕。家中拖把通常是不必用手擰乾的好神拖，又或是直接用機器代勞，但是學校用的則是傳統拖把。由此可見，學生不會使用學校裡的打掃器具是很正常的。

　　有些老師會怪家長不教學生使用這些工具，相反的有些家長則認為學校應該採購更現代化的用品才是。我認為家庭和學校本來就是不同的環境，家裡幾乎都是脫鞋子進家門，不會把太多的髒汙帶進家裡，而且需要打掃的面積小，如果經濟允許，讓機器代勞本來就是可以減輕家務工作的選擇。而學校是穿鞋子進教室的，學生到操場踩踏肯定會帶回許多塵土，打掃時勢必得先將塵土清掃，再擦拭，兩種環境的差異，清掃所需使用的工具當然有所不同。更何況學校採購打掃用具的確是限於經費，只能採購低成本的用具，這也是沒辦法的事。

　　打掃工作還不只掃地、拖地而已，教室窗戶擦拭、洗手台刷洗、黑板清潔、廁所刷洗等，這些項目在家庭裡孩子會接觸到的實在是少之又少。因此，指導學生如何使用學校的打掃工具、清潔方式是必要的。

從闖關遊戲中學會打掃

分配掃地工作前，我會先指導學生如何使用掃地工具，不過，當然不是一個個教啦！我們來辦一場打掃技巧闖關活動吧！

1. 準備工作

先將需要指導的打掃項目列出來，接著公開徵選關主（一正一副），有意願擔任關主的小朋友，向老師領取關主意願單（見下圖），並且利用一週的時間向家人請求支援，訪問家人後將打掃技巧列出三個步驟，讓大家容易學習。

我是（　　　　），我想擔任＿＿＿＿＿這個工作的關主。

為了當好關主，我訪問了（　　　　），以下是這個工作的重要步驟：

1. ＿＿＿＿＿＿＿＿＿＿＿＿＿＿＿＿＿＿＿＿＿＿＿＿＿

2. ＿＿＿＿＿＿＿＿＿＿＿＿＿＿＿＿＿＿＿＿＿＿＿＿＿

3. ＿＿＿＿＿＿＿＿＿＿＿＿＿＿＿＿＿＿＿＿＿＿＿＿＿

2. 關主集訓

當其他人在闖關遊戲中學到所有打掃技能時，關主只能待在自己負責的關卡，無法學到其他技巧，因此集訓的目的是先讓關主互相學習。首先，正副關主先確認打掃技巧三步驟的教學。然後，請其中幾組示範教學，老師給予建議。最後，每一組輪流教學，其他關主可以提供教學建議。如此一來，關主練習如何教學的同時，也學到其他關的打掃技巧。

3. 預先設想流程

打掃技巧闖關活動開始前，我們要先設想好流程，避免闖關的時候塞車，也要思考如何分組，才能夠達到有效學習。我的做法是將打掃技巧關卡設計成環繞型，然後有幾個關卡就分幾組，這樣闖關開始時，每個關卡都會有小組進行遊戲。同時設定計時器，計時器響了以後按照順時針或逆時針方向移動換組。

老師只要在旁邊觀察、操作計時器控制時間長短即可，是不

是很輕鬆！打掃技巧闖關之後，學生對每一項打掃工作都有了進一步的認識，我會再請學生說說看自己適合哪一項工作，然後再開放自選打掃工作。如此人才適用下管理就簡單多了。

將打掃工作發包給公司

　　既然我們都已經開了各組公司，掃地工作我們就交給公司來承包吧！初階版的公司承包方式，我會先將打掃區域劃分成小區，有幾個組別（公司）就畫成幾區，然後將小區內需要負責的項目列出來：

教室前區	教室後區	教室外區	視聽教室區	廁所區
黑板	掃地	走廊掃地	掃地	洗手台
講桌	拖地	走廊拖地	拖地	馬桶
電腦	圖書櫃	洗手台	窗戶	垃圾桶
掃地		倒垃圾		地板
拖地		回收整理		鏡子
窗戶		掃具整理		

　　接著，就由公司承包小區，討論人力如何安排。將每一個小區列印成一張 A3 尺寸的單子，公司將人員填上去。人力規畫完畢後，就開始執行職務。從此以後打掃工作就不用操心了！怎麼可能！一定是告狀一堆、時間內做不完之類的問題出現。於是，我會在第一次打掃後，花一點時間讓各公司開檢討會，這時候單子拿出來重新分配調整人力。討論後的總結，我會請每一組說說看分配人力的方法，讓大家參考。

　　「有些工作一下子就做完了，我們就會分配兩個工作給同一個人。」

　　「我們自己增加項目，讓每個人都平均分到兩項工作。」

　　「把複雜的工作給屬害的人，簡單的給比較需要幫忙的人。」

　　「讓比較調皮的人多做一點，這樣他就沒有時間搗亂。」

　　能夠想出上述方法的人，都是領導人才啊！工作調整後，隔天再試一次看看有沒有比較順暢，然後再開一次檢討會。這樣的流程重複三次差不多就可以定案了。之後，老師在打掃時間只需要到處走走逛逛觀察每一間公司的運作，做個巡邏記錄，找出每間公司的優點並給予正面回饋，並把記錄公開掛在公布欄。

　　這樣的方式能讓學生參與規畫，透過實作、討論、修正的過程，學習解決問題的能力，同時也是人際溝通的練習。當然過程中一定會遇到抱怨某位同學動作很慢、不認真之類的事，這時我就會召開總公司臨時大會，先請大家多觀察這些人，用理解與包容的方式來想想解決辦法。

　　「動作慢的人好像很細心，要洗得很乾淨。」

　　→「我們可以幫他換一個比較不會髒的項目。」

　　「如果有人不認真打掃拿掃帚亂揮。」

　　→「我會教他怎麼使用掃帚。」

　　透過對話，學生們還發現一開始分配工作的方式，跟最後的結果有很大的不同。因為一開始是不知道工作內容隨便排出來的，施行並檢討後會再深入思考誰的個性、行為比較適合什麼樣的工作，學生學到的是更深層的反思。

　　公司承包的小區每個月會換一次，學生在開會時會提出來他們的想法，例如一開始老師規畫的小區可以重畫區域嗎？有一個學生提出：教室不應該用前後區來分，而是採用上下區，以學生的腰為界線，以上的像是黑板、窗戶、講桌、電腦桌畫為一區，

以下的像是地板、櫃子、垃圾桶、洗手台等為一區，這樣工作項目會比較單純。聽完後我覺得超有道理的耶！

教出會思考的學生，比教出乖學生重要多了。

打掃外包再升級

基本的外包打掃方式運作了一個學期後，下學期就可以進入進階版的承包方式了。

這個階段老師只要將打掃區域分出來就好，其餘的就交給各公司自己處理。讓承包公司實地查看打掃區域的環境，然後各公司內部進行討論，列出需要哪些打掃工具、工作項目與人員配置，老師巡視時只要給予建議即可。

正式開始打掃階段，我會一週召開一次公司主管會議，先聆聽各公司是否有需要解決的問題，或需要老師出手協助的地方，最後我會給予他們如何修正的意見。主管會議結束後，讓各公司也花一點時間進行討論溝通。

在這些會議中，老師的角色只是協助、協調，遇到調皮或不願意合作的學生，我會請雙方到場協調，有時並非不配合那一方的問題，也有可能是主管過於強勢導致，這些都要透過一次次的溝通才能相互理解，進而讓彼此間的合作更加順暢。

低年級的學生因爲手部肌肉尚未發展好，不太會使用掃帚、畚斗等工具，也無法像文中所述，讓他們直接進行溝通協調，所以在帶領低年級時，我採取「全部一起」的策略，也就是全班都做同一件事。

星期一是擦地日，全班用抹布擦拭自己桌椅範圍的地板，再往外擴展到座位外的公共區域地板，擰乾抹布的動作有助於他們手部的小肌肉發展，對日後寫字、操作剪刀都會有幫助。擦地板有專用的抹布，另外一條則用來擦桌子，也順便讓他們學習打掃工具的用途區分。

星期二是擦窗日，窗戶加上落地窗，由三至四人負責，包含玻璃、窗溝、窗台都要擦得亮晶晶。星期三是桌椅櫃子整理日，櫃子內的物品、書本、桌子、椅子、抽屜都要整理擦拭乾淨。

星期四是公共區分區打掃日，黑板區、閱讀角、電腦區、作業桌、陽台等區域分組進行。

星期五是外掃區日，一般分給低年級的外掃區大概都是撿垃圾的工作，所以我們就全班一字排開同步向前，以「地毯式」搜索法撿垃圾，小孩的眼睛很雪亮，連一點點小垃圾都不放過。

用怎麼辦本教出成長型思維

　　當學生發生問題時，老師要做的是引導他們優先面對並解決即將遇到的問題，事後才是去思考如何不再犯錯。「怎麼辦本」和「引導語小卡」都是一種示範，讓學生在面對失誤時，能擁有思考與解決問題的成長思維。

　　「老師，我的衛生紙用完了。」、「老師，我忘記帶餐盒了。」、「老師，我的橡皮擦不見了。」……

　　這些「老師……」每天都得重複出現好幾次。有的學生是偶爾出現一次；有的則是經常性的忘東忘西。很多學生對於自己的東西不見或用完了，完全不知該怎麼處理，回問他們那該怎麼辦？就只是聳肩或呆呆傻笑。

　　導師在教室裡要接收學生們好多生活上的問題，我們就像是學生的另一個父母一樣，除了教導課業也要照顧他們的身心，更要引導使之成為可以自主思考的人。

　　我是個迷糊且記憶不佳的人，從小到大忘記帶東西的次數真的是數不清。還記得剛上小學時，有一次忘記帶膠水跑到爸爸教室（家父是國小老師）求救，那時候他只對我說：「沒帶膠水你可以誠實跟老師說，或是先向同學借，也可以想想其他辦法，但是在學校我不是你的爸爸，所以幫不上忙。」哇，真是冷酷無情！不過，我非常感謝他當時給了我自己負責的觀念，雖然之後我還是經常迷糊，但也開始學習想辦法解決。

「為什麼」不是重點，「怎麼做」才是目標

　　「為什麼你沒有帶餐具？」

　　「因為媽媽忘記幫我帶。」

　　「為什麼你的橡皮擦經常不見？」

「⋯⋯」（聳肩）

當學生忘記帶東西時，我們經常會這樣問，不過學生的回答卻總是讓人無言且更加生氣。角色換到自己身上，當我們忘記帶東西時，有辦法回答上述的問題嗎？忘記帶就是忘記了，如果記得的話就一定帶了啊！當我們發現忘記帶的時候，會做什麼事呢？應該是開始想該怎麼辦，而不會一直問自己為什麼忘記帶吧！

同樣的，當學生發生這樣的狀況時，老師要做的是引導他們優先面對並解決即將遇到的問題，事後才是去思考如何不再犯錯。人是很容易推卸責任的，學生怕被罵時自我保護機制總是先啟動，說謊、怪罪他人⋯⋯這些都很常見。當學生忘記帶東西，我會用以下的問句引導他們：

要承認自己忘記真的很不容易，你很勇敢。

說說看接下來你會因為忘記帶而遇到什麼問題？

有沒有什麼方法可以先處理眼前遇到的問題？

老師也提供幾個方法給你參考⋯⋯

讓問題呈現在眼前並預先想辦法，這樣的方式才能真正讓學生知道如何負責任。學會面對並思考問題後，我會請學生再想想

這幾個方法哪些是比較可行的，然後排出嘗試的順序，就交由學生自己去處理。

這樣的過程有時得花一些時間，我會將上述的引導語印成小卡，讓學生將想到的方法列在旁邊，具體將方法寫出來和只放在腦中想是不同的，寫下來就能更具體的去實踐。

但是，老師的時間真的很有限，如果每個人都要按這樣的流程處理，是不可能的。那就讓比較有「經驗」的學生成為這類問題的小助教吧！

先將引導語小卡放在小盒子裡，只要有人出現類似的情況，就請他去找「怎麼辦」小助教，小助教按照小卡上的引導與這些同學對話，遇到無法解決的棘手問題才會到老師這邊來。「怎麼辦」小助教人數會越來越多，甚至一陣子之後就不用小助教了，遇到問題的人可以自行取用小盒子內的引導語，自問自答自己解決就好啦！經驗多了也可以不用取小卡，腦內自然形成問題處理流程，這才是老師想要的最終目標。

這樣一來，學生們學到的是解決問題的方法，小助教從經常因為這種事被罵的層面，爬升到會思考並指導他人的角色，「怎

麼辦」小助教們還學到重複練習、幫助別人的方法,重建自信心又有成就感,真是一舉多得!

比百科還好用的「怎麼辦本」

有一次下課我正埋頭改作業,聽到「怎麼辦」小助教說:「同樣的事情我已經說幾百次了⋯⋯」原來有很多事情一直在不同人身上重複發生,導致小助教得重複引導不同的人,我心裡忍不住竊笑,幸好有他們分擔,否則這些事都要老師來做。

我想起大學時在一家餐廳打工,員工休息室裡放了一本手冊,裡面一頁頁的流程圖說明遇到什麼問題該怎麼處理。於是我想到可以來做「怎麼辦本」啊!將有「固定流程」的「怎麼辦」步驟寫進本子裡,通常是一週大概會有不同學生出現數次,且沒有涉及個人行為的問題,例如:忘記帶便當盒、衛生紙用完等。

當學生告訴我:「老師,我沒帶尺。」我就請學生去看「怎麼辦本」。然後,請他們自己按照本子上的流程執行解決。時間

久了，每當遇到狀況，學生就會自動去翻閱「怎麼辦本」，找解決辦法。執行到最後，學生還會自動去添加「怎麼辦本」裡的內容，變成各種「怎麼辦手冊」，非常有趣。

▲圖中的「怎麼辦本」為蕭名均老師的回饋分享。

親師合作戒除健忘症

　　學生忘記帶東西時很常用「媽媽忘記幫我帶」來作為理由，或是想要打電話回家請家人送來，但是這些都不是對自己負責的方式。所以我會給方法，讓他們學習「如何才不會忘記」。

⑴ 前一天先準備好，可以先放在固定的位置，或是出門前一定會看到的地方。

⑵ 貼紙條提醒。

⑶ 自己準備好，不必靠爸媽就不怕忘記。

　　而家長端的溝通也是需要的，我會先跟家長電話聯絡，請家長扮演「放手」的角色，如果接到希望幫送什麼東西的電話時，不要急著答應，可以說明正在上班或手邊有事所以無法協助，請孩子找老師想辦法。爸媽可以偷偷跟老師說，但不要讓孩子知道，避免孩子依賴家長出面解決。

　　如果遇到嚴重的失誤，例如影響活動參與，我也會先跟家長聯繫，表明老師的做法會是「就這樣吧」，讓孩子知道該對自己負責。像這種狀況家長一定會擔心，所以安家長的心很重要。

　　雖然老師表面上鐵面無私，似乎不容妥協，但在做法上還是需要陪同孩子，陪著他們去承受因為失誤帶來的痛苦，並在當中引導，共同尋求解決方法。

CH.3

凝聚親師生的心

閱讀一百挑戰，創造成功經驗

從閱讀挑戰中，學生擁有的不只是閱讀體驗，更是克服挑戰的成功經驗。讓學生未來在面對艱難的長期任務時，都會記得達成目標的方法，想起那個不斷努力的自己。

近十多年來，教育部大力推廣閱讀，教科書中也相對應增加了閱讀理解的內容，升學大考的題目「落落長」更是以閱讀理解做為門檻，大家都覺得閱讀理解很重要，閱讀理解策略的學習更是不斷的被設計到課程內。只是，在強調理解能力前，閱讀習慣的養成更應該優先被重視，我們推動閱讀的方法，必須讓閱讀成為孩子的興趣才有辦法持續。

學生喜不喜歡閱讀、有沒有閱讀習慣，除了家庭環境因素

外，最重要的推手就是導師了。在學校裡課堂幾乎都被塞滿，連彈性課程都不彈性了，在量多且講求速度的學習環境下，閱讀推動幾乎只有靠導師融入在班級經營中。

在我的教室裡，我會在座位四周放置書櫃，每天的晨間時間安排二十分鐘的閱讀時間，除了安靜閱讀外，也會有聽書、說書、推薦書的活動，這些做法是先將環境準備好，讓閱讀時時刻刻都能存在。

「閱讀一百」活動

除了讓閱讀落實在日常生活中，我也期望閱讀能成為全班共同的美好回憶。所以新接一個班級，我就會選定一個學期帶著他們完成閱讀挑戰。這個挑戰起源於民國一百年教育廣播電台舉辦的「閱讀一百」活動。

當時我看到教育廣播電台「閱讀一百」的活動公文，就決定要參加，但列出書單報名後，主辦單位在信中的回覆，竟是寒

假過完後就要驗收。「這怎麼可能！」我心頭一驚，當時已經快要放寒假了，放假時學生沒有人引導、監控，怎麼可能完成！於是，我再度回信給主辦單位決定放棄。想不到，到了四月底，我竟接到教育廣播電台的電話，說要來驗收成果！

「什麼？我不是沒參加了嗎？我們完全沒有認真準備啊！」不知道什麼環節出了問題，我們還在名單之中，事已至此，我只好跟主辦單位請求，多給我們一點時間，還好在一番討價還價後，我多爭取到一個月的時間。

之後的幾天，我一直在懊悔與堅持間拉扯，雖然多了一個月，但扣掉假日，只剩二十幾天，要在二十幾天裡讀完一百本書，這真是個不可能的挑戰啊！好幾次想撥出電話跟主辦單位說放棄，但又覺得可惜！就這樣來來回回考慮了許久，我想起自己常跟學生說的話：「不能遇到困難就放棄啊！」而我也希望藉由這個挑戰，讓學生有堅持完成長期任務的經驗。既然如此，那就來做吧！

決定後，我先在筆記本上寫下腦中想到的計畫，接著回到教室，跟小朋友「訴苦」：

「老師有個煩惱⋯⋯」

「什麼煩惱?」

「就是我幫你們報名一個計畫,但是這個計畫很困難。」

「是什麼?是什麼?」(興奮狀)

「就是要在一個月內讀完一百本書,通過後有獎金,我們一起去吃牛排。」

「好啊!好啊!」(瘋狂的興奮)

「可是我幫你們算過了,如果要完成計畫這樣每天都要讀五本書。」

「沒關係啊!我們每天都在閱讀。」

「我也是!」「我也是!」(驕傲狀)

「你們沒問題嗎?這個很難⋯⋯」(皺眉)

「我們要參加!」(全班大喊)

「你們真的不怕困難?」

「不怕!」

就這樣,我們真的開始了這一百本書的挑戰!喔!我忘了說,這個班是一年級!

種一棵閱讀樹

　　為了讓挑戰與歷程看得見，我找了一張桌子鋪上桌巾，將一百本書在書背貼上編號後放進雜誌架，用雜誌架將書分開放好，一來比較好找書，二來書也不會因為被取走後東倒西歪。

　　布置好環境後，接下來就要記錄學生閱讀的進程，一開始我的做法是列出一百本書的書名，再加上閱讀日期、檢核簽名做成表格，讓學生在閱讀後登記。但我發現這樣的表格只有本人看得見，其他人無從比較缺少刺激。於是我開始思考，有沒有更有趣的登記法，可以讓大家看到彼此的進度？對了，就來種一棵閱讀書吧！利用木紋色紙、泡棉膠和 pp 板，先做出樹幹，以綠色和黃色印有編號的圓形標籤作為樹葉，一到五十本一種顏色，五十一到一百本一種顏色，這樣貼出來的閱讀樹會比單色更有美感。

　　接著將閱讀樹貼到公布欄上，當每日閱讀檢核過關後，學生就能把寫上書籍編號的圓形標籤貼到樹上，成為樹的葉子，這麼一來所有人都能看見這些樹長出葉子的過程，讀越多，葉子就越茂盛，這讓學生充滿了成就感。

活動前的親師溝通

　　活動構思時我習慣預想會發生的事，以及家長和學生的反應，再擬定做法。活動開始前的溝通很重要，前述與學生溝通增強意願，接著就是與家長溝通請求支援。

　　首先，我以通知單告知家長即將進行的活動內容，低年級的話，我會加上注音，讓親子可以一起閱讀，同時提及需要家長提供的支持，及孩子如何敘述閱讀感想。

　　親愛的小朋友和爸爸媽媽：

　　　　我們全班一起參加了教育廣播電台的「閱讀一百」挑戰計畫。五月三十一日當天，教育廣播電台會到班上來攝影見證，從一百本書裡抽出五本，小朋友必須答出書的內容和心得，通過的話，可以獲得五千元圖書禮券哦！老師還會請全班一起去吃牛排大餐。

　　　　這是一個必須專注、耐力完成的挑戰，老師希望孩子從中，體驗堅持、有毅力完成目標的過程，需要家長您的參與和協助。

　　　　從今天起，每日閱讀將延長時間，孩子帶回去的書必須要認真的讀完，請家長您先讓孩子用自己的話說說看每本書的內容和心得（不要背書），隔天老師會再檢核。

　　　　老師和孩子需要爸媽您的幫忙，我們一起來完成這個挑戰吧！

【心得可以怎麼說】

1. 我覺得這個主角做的什麼事讓我感到很佩服，因為……
2. 我覺得這個主角做的什麼事讓我感到很感動，因為……
3. 我覺得這個主角做的什麼事讓我感到很奇怪，因為……
4. 我看了這本書我學到了……
5. 我很喜歡這本書的哪一個畫面，因為……
6. 我很不喜歡這本書的……，因為……
7. 我也做過同樣的事，後來……
8. 我希望可以跟主角一樣，因為……
9. 我想推薦這本書給誰看，因為……
10. 我想要試試看書中說的什麼事，因為……

＊每本書選一點想想看、說說看就可以。

【閱讀一百挑戰書單】

書名	閱讀日期	家長檢核	老師檢核
1.《是狼還是羊》			
2.《愛思考的青蛙》			
3.《快要來不及了》			
4.《壞心情》			
5.《怕浪費的奶奶》			

　　在活動進行一週後，我會再寫一封「親師心語」的信給家長，目的是安定家長的心。學生把書帶回家讀，一定會帶給家長一些困擾，因為有些繪本沒有注音，孩子會不斷的問字怎麼讀，認真的家長會協助解決孩子閱讀上的問題，但家長每天下班回到家已經很疲累了，若是因此增加了他們的負擔，難免會有情緒產生。所以信中我先用理解的方式同理家長，再傳達我參與活動的理念。

親師心語

親愛的爸爸媽媽：

　　這週開始挑戰「閱讀一百」的活動，謝謝您在家的協助。每天進教室，看到孩子互相說書的內容給旁邊的人聽，老師好感動喔！我們的孩子正為了一個目標而努力著。

　　會決定參加這個活動，其實最大的因素是，老師覺得，我們很少讓孩子有機會長時間堅持一件事，這中間需要耐力、毅力和克服困難、忍受痛苦的能力，而這需要我們一起陪伴、支持孩子度過。

　　在學校老師檢核的方式是這樣的：

1. 利用早自習、彈性時間（這些本來就是自由閱讀時間）、下課時間，並未耽誤正課。
2. 從五本書裡抽其中的一本或兩本，讓孩子用自己的話，大概說出書的內容（會視個人的程度差異做檢核），不會指正給孩子壓力，只用問句（主角是誰？一開始發生什麼事？然後呢？後來呢？結果呢？）引導。
3. 有些書雖然沒有注音，但是字數不多而且圖畫詳細，我會請孩子試著自己讀讀看，只要可以讀出大概的意思就可以。

　　爸媽在家也用這樣的方式檢核即可。這個活動增加了爸媽的困擾，老師感到很抱歉！但是老師真的很想看見孩子堅持到底後，享受甜美成果的笑臉，和他們體驗到的生活能力。

　　再次感謝您的支持與協助！讓老師可以揮灑教育的浪漫。

　　我的目的是「讓學生有堅持完成長期任務的經驗」，所以希望爸媽陪伴、支持孩子完成這個挑戰，但不需要「陪讀」，也不要替孩子感到困難，孩子的潛能，需要我們給他們機會展現！我給家長方法，也讓他們了解老師的做法。

把過程與心情記錄下來

在我的班上，學生都有寫小日記的習慣，所以除了閱讀之外，我也會鼓勵他們寫下參與活動的心情感受，寫日記的當下，他們也透過書寫鼓勵自己。以下為幾個學生的小日記，雖然他們才一年級，語句不太通順，但那些心情感受都十分單純而真摯。

「閱讀一百的挑戰我要認真看書，為了吃牛排，所以我要達到目標，也可以拿到五百元的圖書禮券，我可以看好多書了。」

「我覺得我一天可以看五本書，但媽媽覺得太多了，可是老師要我們挑戰這個目標也很好，因為看很多書也是會讓我們認識很多字。我覺得這個挑戰計畫讓我學到很多很多的新字。」

「我覺得很緊張，因為還有十七天就要講心得和內容，我要好好的努力，這樣才能講得很好。」

「閱讀一百挑戰已經過了兩個禮拜了，還有三個禮拜所以要努力才會成功，教育廣播電台還會來攝影見證。」

「我要好好的看書，還剩十七天，不要看電視了，我要好好的看書，我好想每天都過關。」

看著學生的日記真的很讓我感動，有的是對自己信心喊話；有的是寫下媽媽的擔憂和自己的看法，雖然只是一年級，但投入的程度讓人驚喜。

有個小個子學生，在週五放學時抱了九本書說要回家讀，我勸他不要拿那麼多，因為家長前幾天才跟我說，孩子的閱讀程度較弱，一天要讀五本書有點難。沒想到學生卻回答：「我要超前，利用假日多看一點！」我趕緊偷偷打電話給媽媽，跟她分享孩子被激發的積極態度。孩子想要完成挑戰的心需要小心呵護，這會成為他們以後面對各種挑戰的能量。媽媽也跟我分享孩子在家的改變，原本功課落後寫字拖拉的孩子，現在會快速主動的完成功課，就為了想要趕快去看書，更別說在不知不覺中，孩子的閱讀能力大大提升，看書的速度也變快了，這些都是我們所預料不到的成長。

成為學生的應援團

　　當孩子想要完成某項目標時，我們可以做的就是提供支持。「閱讀一百」挑戰要持續一個月，除了動力之外更需要耐力，就像馬拉松賽跑，即將到達終點前的痛苦，最容易使人放棄。於是在最後一週，我設計了一些激勵學生的方法，支援學生因疲乏而逐漸消失的動力。

　　首先，我寫了張小卡給學生，肯定大家的堅持。

　　我最親愛的小朋友：

　　　　下星期二就是我們重要的日子了！你們會感到緊張嗎？老師也很緊張！

　　　　老師一定要稱讚你們，你們這個月以來的表現，已經超越自我，能夠將一件事情，堅持一個月來完成，真的是很了不起的能力，很高興你們做到了！這個星期，我們要努力衝刺哦！

　　　　最好的準備，迎接困難的挑戰！不管成不成功，我們都度過了最棒的一個月。

　　　　老師以你們為榮！

接著，還要寫封信好好感謝家長，沒有家長的全力支持，我們是無法順利完成的。

親愛的爸爸媽媽：

下星期二就是我們重要的日子了！孩子們依然興趣高昂。

習慣需要二十一天來養成，經過這個月，相信孩子們已經非常習慣每天閱讀了。老師發現孩子閱讀的速度加快、認識了好多字、會互相分享哪一本書好看、學會互相打氣加油……，為了同一個目標，大家好團結喔！看來，我們已經得到比當初決定要參加這個活動所設定的目標更多的收穫，每天老師都有好多好多感動，看著我們的孩子，在一年級即將進入尾聲前，能有這樣的回憶可以珍藏，老師要謝謝孩子們給老師如此豐盛的教學回饋。

最要感謝的是家長您了！願意協助老師和孩子們完成這個美夢，這一個月來，您辛苦了，但您也一定看到孩子那雙眨呀眨發光的眼睛，還有堅持要多扛幾本書回家、再晚也要看完書的堅定神情，我們正在陪伴孩子完成一件大事情呢！

老師邀請爸媽，一起把這個感動記錄下來做一個完美的結尾，請您也寫寫這個月您和孩子在家的過程，困難、克服、孩子的改變、您的感觸、給孩子的讚美……都可以，老師會放到部落格上跟大家分享哦！再次感謝您！衷心的感謝您！

　　隔天，我收到爸媽們一張張滿滿的回應，真的感動得熱淚盈眶，文字裡處處可看到爸媽們心情的轉變與期待，我也把這些鼓勵念給孩子們聽，讓他們知道，爸媽的支持永遠與他們同在。

　　最後，我設計了倒數計時的激勵小語，每一張都寫了一句鼓勵的話，這些話語，不只為了激勵學生，也是在幫孩子和我做心理建設。（我也很害怕會失敗啊！）我把這些話貼成一長串，每過一天就縮短一張，也代表時間越來越接近了。

　　我同時希望孩子能將這些激勵小語內化成自己的感受，所以每天都會跟他們討論這些文字所代表的意思，並在討論後請學生用便利貼寫下自己的想法，念給小組聽，最後貼到板子上跟大家分享。這些小字條老師只看不批改，因為那是孩子珍貴的想法，為了不阻礙思考，我會請小朋友先不要管錯別字，快速的將腦中的思考寫出來，寫完再重讀修正即可。

　　我完全不敢相信小一的孩子，可以將自己的想法表達得這麼清楚，看著這些字條，我知道他們的心裡並沒有因為這個活動而討厭閱讀，反而做了非常好的心理準備。這樣的學習，真的超越了「閱讀一百本書」這件事了。

上台前的準備

　　上台前的準備是影響表現最重要的關鍵，我會在事前讓每個人都有上台練習的機會，試試音量大小是否需要調整。當然心情也需要準備，我相信在教育廣播電台到訪的這一天，緊張的情緒

會讓大家無法專心的上課，所以我讓學生利用上台前的時間好好沉澱一下自己的心情，透過書寫記錄當下的感覺。

我用一張 A4 白紙，折成三等份，最上面寫上活動名稱和日期，第二欄寫下活動前的想法，最下方那欄等挑戰活動結束後再記錄。

「今天是重要的日子，因為教育廣播電台的人要來採訪，我們一個月都很努力閱讀，我讀了五十本書後，就覺得很容易了，我以前都不知道我有這樣的能力，現在我很緊張，但是我知道如果沒通過，我也是很厲害的。」

「今天我覺得很緊張，教育電台要來看我們能不能挑戰閱讀一百本書成功，我一個月都沒看電視了，我都把看電視的時間省起來看書，現在我覺得每天看書好快樂。」

「我一開始都沒有看電視，每天讀五本書，很辛苦，因為我讀很慢，但是我很努力哦！老師說只要努力就有成果。驗收的時候我害怕得不敢上去，但是早上老師讓我上台練習聲音時，我講得很好喔！」

「過關了！早上校長說，曬完太陽就會覺得樹蔭下很涼，老師說我們辛苦讀完一百本書，現在也會有很棒的感覺哦！」

「我們閱讀一百本通過了！我好開心，我覺得只要有努力，一定成功，只要堅持到底，如果放棄就沒有開心的一天了。也要感謝老師幫我們報名這個活動。」

「趙叔叔驗收的時候我好緊張好緊張，可是到一半時我覺得不害怕了，因為我們大家都想到了，只要努力又認真，一定能達成目標，我覺得我們能夠讀完一百本書，真的太厲害了。」

如何檢核學生是否認真閱讀

其實我認為閱讀不應該被檢核，如果書本夠吸引人，根本不需要強迫也會自動投入閱讀的世界。

在「閱讀一百」挑戰活動中，我沒有用寫閱讀心得的方式來檢核，原因是曾經有位學生在小日記裡抱怨：「老師讓我們閱讀的書很好看，但是為什麼要寫閱讀心得？而且故事那麼好看，怎

麼會有心得？」這當頭棒喝的句子，敲醒了我。對啊！大人追劇有在寫心得嗎？大人看小說有在寫心得嗎？需要寫閱讀記錄的書籍大部分是實用性高的書，而小朋友愛看的故事、小說要寫什麼心得？再說了，學生為了規定而寫的心得大部分都不是真正的想法，只是迎合老師胃口的句子。

我是用「想藉由閱讀讓學生練習什麼能力」來思考的，比起丟給學生一本書讓他們自行閱讀後寫心得，有目標任務的閱讀更能吸引學生。

我希望「藉由閱讀讓學生練習重述故事重點的口說能力」，所以在他們閱讀後用提問的方式引導學生：「故事的主角是誰？」、「一開始發生什麼事？」、「然後呢？」、「後來呢？」、「結果呢？」這幾個問題就是故事結構的起因、經過、結果。我將這個結構轉化成提問，「經過」這裡改成「然後呢？」、「後來呢？」，使學生容易接話。練習多次以後，不必老師提問，他們也會自己說下去，而這樣的結構也是讓學生練習將一件事情說完整。

投入閱讀教學一段時間了，對於「精讀」的閱讀策略指導我

有許多的嘗試，而那次的「閱讀一百」活動，則是首次有計畫、有目標的規畫「大量閱讀」；那一年過後，每次帶班我都會選一個學期設定閱讀挑戰，閱讀書籍的數量不會設定這麼多，但會維持一整個月。

我希望能透過持續大量的閱讀，幫孩子打開更廣的視野，讓孩子了解學習最重要的是態度與觀念，而不是為了規定而讀，如此一來才能讓孩子真正體會到閱讀帶給生命的智慧與樂趣。

小壁虎老師好妙招

　　我喜歡自己買書，所以教室內的書曾經多達九百多本，那麼多的書該怎麼管理呢？

　　首先，我會在書的封面貼上姓名貼，代表這是老師的書，然後，在書背貼上圓形有號碼的標籤，我會用不同顏色代表不同櫃子，這樣整理起來就會知道少了哪個編號的書。通常教室內的書以及老師從圖書館借回來的那三十本書，只能在教室裡看，只有個人從圖書館借的書才能帶回家，這樣就能避免遺失或混淆。

小孕婦週，真實體驗媽媽的心

> 辦活動的目的是希望學生藉由體驗活動，理解節慶意義與文化內涵，如果沒有預先認真思考活動的目標，學生就難有更深入的收穫。

　　老師們經常會配合節慶設計活動，而這些活動往往都只是讓學生「淺嚐即止」，利用幾節課或是一天的時間就結束。學生們當然覺得好玩，但我不禁想：活動的目標只是讓學生覺得好玩就好嗎？到底這些體驗活動是要學生產生什麼樣的感受？又為何要進行呢？

　　在設計活動時，應該要仔細思考這過程是否能夠達成教學的目的。例如：冬至搓湯圓活動，搓湯圓的過程很好玩，大家也都

吃了自己搓的湯圓，但活動結束後，學生知道冬至為什麼要搓湯圓嗎？

　　大部分的活動，我都會利用寫作來作為活動的收尾。請學生寫出為什麼、怎麼做、我的想法三個部分，以上述冬至的例子來說，為什麼要過冬至？冬至吃湯圓的涵義是什麼？再寫下自己搓湯圓體驗後的感受想法。這麼一來，學生對於節慶活動就能有更深入的收穫。

別具意義的母親節活動

　　在我帶領的班級中，母親節活動總讓學生很難忘，因為我會設計整整五天的孕婦體驗活動，每天早上將氣球吹氣裝在衣服裡，模擬媽媽懷孕的樣子，學生們這五天都要過著孕婦的生活。

　　活動開始前我會在學生朝會時間宣導禮讓孕婦的禮儀，例如：走廊上不奔跑避免撞到小孕婦，廁所或行進間請禮讓小孕婦先行等。

孕婦生活指導

為了營造孕婦生活的真實環境，還需要對這些小孕婦們做衛教宣導：

⑴ 孕婦要早睡早起，不能抽菸、喝酒，也不能喝含有咖啡因的飲料（可樂、茶類、咖啡）等。

⑵ 孕婦的心情要保持穩定，要好好說話不要跟他人生氣。

⑶ 為了提供寶寶充足的營養，飲食很重要，每天早上要喝一杯牛奶補充鈣質和蛋白質，每餐要多吃蔬菜補充維生素，六大類食物缺一不可，所以午餐時間小孕婦們都要為了胎兒認真吃蔬菜、不能挑食。

⑷ 孕婦要少喝含糖飲料，我也和學生分享懷孕時測血糖的經驗，如果抽血血糖沒有過關，就要再補喝糖水並且幾個小時內連續抽好多次血去檢驗。孕婦血糖、血壓過高，都會危害胎兒和母體健康，甚至會有生命危險。

⑸ 孕婦不能隨便用藥，所以如果懷孕期間感冒了要請醫生開適合孕婦服用的藥物，不能自己在藥局買藥服用。

⑹ 孕婦要注意自己的行為，追趕跑跳碰都不行，所以出教室後只能散步，不能玩激烈遊戲。萬一不小心跌倒或碰撞到，就得躺著安胎了。

這些衛教宣導會落實到每天的生活裡，老師會不斷的碎碎念提醒大家身為孕婦要注意的事情。學生很可愛，他們會將感冒藥拿到老師面前說他們現在是孕婦不能吃藥該怎麼辦？我只好請他們先將氣球拿下，吃完了再裝回去。

還有學生改不了平常蹦蹦跳跳的習慣，下課時間不小心跌倒了怎麼辦？這時候我會在閱讀角鋪上小棉被，讓這位小孕婦躺著安胎，除了去上廁所外，每天下課都要到圖書角躺著，看情況決定躺幾天。我同時也跟學生分享需要安胎的孕婦真實狀況：大部分時間都只能躺著，甚至連上廁所都有可能無法起身，讓學生真實體會媽媽的辛苦。

午餐時，我也會跟學生分析一下菜色的營養成分，若遇到有炸物、較鹹的滷肉之類的食物，會請學生少吃一點。若有紅豆湯則可以多喝一點，有助於消水腫……。

與科任老師共同合作

　　小孕婦去上科任課時，我也會請科任老師協助，一般來說科任課都是正常上課，就像媽媽懷孕時也是正常上班一樣，但體育課時就需要特別設計孕婦適合的課程內容。我們的體育老師設計了孕婦瑜伽課，帶著大肚子的小孕婦們做伸展運動、練習呼吸外，還加了肌力練習，讓小孕婦們的肌肉可以承受大肚子，避免腰痠背痛。第二次上課時小孕婦的肚子都變大了，進入懷孕後期，體育老師就帶著他們到社區散步，畫面非常可愛。

閱讀相關書籍

　　在活動期間，我也會到圖書館借閱關於懷孕、母親、照顧嬰兒的書籍，放在班級書櫃中讓學生們閱讀，正在經歷懷孕階段的學生們，此時更能理解書中的內容。

充滿真實感受的孕期小日記

「老師，我撿不到掉在地上的筆，肚子會卡住。」

「老師，我去上廁所蹲馬桶好難蹲喔！」

「要洗抹布時，肚子會碰到洗手台。」

「中午午休時，趴著睡覺好困難喔！」

「好熱喔！肚子都流汗了，氣球黏在身上不舒服。」

「午餐不能吃太多，肚子會被氣球壓住不舒服。」

「老師，我沒辦法寫功課了，肚子會卡住桌子，我沒辦法向前彎。」

當小孕婦們漸漸發覺生活上的不方便時，我也會趁此機會教育：「你看你看，如果是媽媽該會有多辛苦！媽媽懷孕還要煮飯，肚子這麼大要小心爐火，洗澡怎麼洗呢？腳趾甲怎麼剪呢？你們的肚子還是沒有重量的氣球，想想看媽媽的肚子這麼重，怎麼躺著睡覺呢？」

每天我都會給學生一張 A4 紙寫一篇圖文並茂的小日記，記錄懷孕的不方便與感受。最後一天再加上一張媽媽的畫像後，將

這些小日記釘在一起，用信封袋裝起來，一起走路到郵局將小日記寄給媽媽。

　　就像旅遊一樣，如果想真正了解當地風土民情，就得親自過過當地生活。很多學校在母親節時，也都會舉辦孕婦體驗活動，但是學生們大部分的感受都只覺得大肚子很好玩，而我用五天的體驗活動，把懷孕的不便帶進學生的日常裡，讓他們充分感受到懷孕的艱辛，相信也為他們帶來了別具意義的母親節。

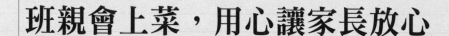

班親會上菜，用心讓家長放心

　　班親會除了制式的報告之外，也可以改變方式，花點心思設計一些能讓學生參與並與家長交流的活動，經由彼此間良好的互動，營造讓人難忘、親師生三贏的班親會。

　　班親會是老師與家長面對面的日子，老師們可以在這個時間好好展現自己的教學專業、班級經營的態度，更可以趁這個機會邀請家長一起加入讓孩子成長的行列。

班親會的主要事項

　　依據《國民教育法》裡頭提到的規定，家長日是要讓家長了解任課教師及學校相關行政人員，並說明有關班級經營計畫、教學計畫、學生學習計畫等，因此新手教師可以用法規規定的項目作為班親會的簡報大綱，接下來我就按照這些主要事項一一說明準備的要點。

教師自我介紹

　　帶新班的時候，老師的自我介紹會決定家長的印象分數，如果是新手教師，自我介紹時可以多說一些自己在專業上的學習、對教學的熱忱、教育政策的跟進程度等。如果是舊班級，則可以跟家長聊聊寒暑假期間參加的各式增能研習，未來會如何應用在班級上等。

班級經營計畫

這部分可以跟家長介紹老師在班級管理上的方式,如班級經營重點、獎勵制度、班級活動安排、作業安排等,同時還可以對家長提出需求與溝通,例如:放學後請不要帶學生回學校拿東西,也不要幫學生送東西到校,讓學生學會自己負責等,親師需要合作的事項。

教學計畫

在教學計畫的內容中,包含授課領域教學方法、學校的重要活動、各科教學進度、學校特色課程等。

在呈現未來一個學期的教學計畫時,可以採取與家長互動的方式來說明,例如:布置數學題目請家長回答,搭配數位學習平台呈現大家的計算過程,比較與討論不同做法的適合性,再說明老師這樣教學的意義與目的。另外,我也很重視閱讀教學,每天都會希望給學生閱讀的時間,所以在班親會時,我也會請家長到

班級書櫃選一本書，然後計時十分鐘，讓家長體驗安靜閱讀的感受。如此一來，家長就更能認同老師的教學方法。

學生學習計畫

新課綱的教育強調以學生學習為主體，重視學生學習脈絡，所以我會將本學期的學習脈絡地圖呈現出來，也可以藉此機會讓家長了解此階段的學習出現問題，可能是前面的階段學習不足造成的，當然評量方式也是家長關心的重點，各種評量占的比例，哪些項目會列入評量等，都會藉此機會向家長說明。

其他的如學校宣導事項、家長代表選舉、個別學生問題等，也都是討論的範疇。

班親會前的準備事項

班親會前的準備工作很重要，從教室就可以看出老師的個人

風格與生活習慣，學生在學校除了學習知識外，最重要的就是學習團體生活與生活自理能力，而老師就是教室裡的身教示範者，如果教室亂糟糟、髒亂，學生每天學習到的就是那樣。臺灣的教室大部分偏老舊，收納設備有限，教室的空間規畫也很難改變，在這些條件下老師能做的就是讓教室保持整齊清潔。

教室環境

　　教室環境是由師生共同維護的，學習環境會影響上課的專心程度，因此，上課前我會請學生清空桌面，只留下當節課需要用到的課本、作業簿，文具只需要鉛筆即可。寫錯要擦掉怎麼辦？從抽屜的鉛筆盒裡拿出橡皮擦，用完立刻放回去，這樣可以減少橡皮擦彈跳到地上找不到的問題，需要其他文具時也一樣處理，用完立刻放回鉛筆盒內，這就是「物歸原位」的概念。很多學生的鉛筆盒裝了一堆筆和雜物，放在桌上就是造成分心的源頭，將桌面保持簡單就容易專心。

　　教室裡也一樣，要用什麼東西拿出來使用後立刻放回原

來的位置，用這個原則來設計教室內的擺設，盡量讓物品都有「家」，粉筆的家、遙控器的家、磁鐵的家等等，我還會設置水壺的家，讓水壺都放在固定位置的籃子裡，避免上課時出現水壺掉落引起的水災意外。

班親會時家長進到教室感受到的是井然有序的環境，老師也可以藉機跟家長們說明教室環境與學習間的關聯，進而引導家長在家中也用同樣的原則讓孩子有單純的讀書空間。將環境遷移到個人書包裡，則可用大型夾鏈包讓作業有家、通知單有家⋯⋯。對學生來說，這也是生活管理方式的學習。

教室布置

班親會通常是在開學後的二至三週內舉辦，教室布置除了該有的美工設計規畫的區塊外，我也會將學生的各種作業展示出來，老師可以藉機會說明作業要求、作業目的，也可以讓家長看見孩子用心程度的差距。

教室的牆上可以布置一些上課的重點或是任務的成果，例

如：小組討論的海報、學習方法的重點。如此藉由教室布置傳達老師的教學方式、教學內容，家長容易理解也會願意支持。

學生參與

　　班親會不只是家長和老師的事情，我會從環境打掃開始就讓學生參與，教室布置、放學前的桌椅擺放調整，都可以師生一同完成。我還會與學生討論當爸媽聽老師說話的時候，他們該有的表現，教室內設閱讀區、桌遊區，讓學生們有事情做，但又不會干擾會議，這也是讓學生練習在不同的場合展現適當的行為。別忘了，會議結束前在爸媽面前稱讚一下他們，學生下次就會更加配合喔！

來場不一樣的班親會

　　在帶班第二年的第二學期，因為已經開過三次班親會，和家

長們的默契培養得很好了，似乎也沒有什麼要特別說明的事，班親會時間還可以做什麼呢？

　　吃午飯時閱讀國語日報是我每天的習慣，正在苦思第四次班親會要如何進行的我，一邊想著一邊無意的瀏覽報紙，忽然間我看見一篇學生煮飯給家長吃的報導，於是腦海中浮現蔡穎卿的小廚師餐廳，在那裡只要早上將孩子送去，餐廳的店長就會帶著孩子從頭開始學習煮一餐飯，中午父母親接孩子時，就可以吃到孩子親自烹煮的飯菜。這個靈感來源真是太棒了！我們就來一場班親會上菜吧！

擬定邀請函

　　在邀請函中，除了邀請家長參加並告知日期之外，也是提前預告這個活動會有需要家長協助的地方，為了讓活動與家庭教育產生連結，我特別設計了活動前的學習作業，讓學生跟著家長先在家裡做練習。

親師座談會邀請函

親愛的爸爸媽媽：

　　每屆學生的最後一次親師座談會，老師會設計「班親會上菜」課程，由孩子準備晚餐給爸媽享用哦！請爸媽先填寫參加人數，讓我們可以討論、準備材料的份量。這個主題將進行兩週，也請媽媽在孩子的學習單需要您的專業時，給予協助。當天所有使用的食材金額由班費支付，若有不足額部分，再由每位小朋友平均分攤收錢。

【注意事項】

1. 班親會流程時間表請見○○國小學校日通知單。

2. 班親會當天請爸媽「準時」出席即可，不要刻意提早到，影響孩子的準備專注力。

3. 家中的其他小孩盡量不要參加，讓您的眼神專注在我們的孩子身上，這樣孩子會有受到重視的感覺哦！

孟耘老師　敬邀

------------------------------ 回 條 ------------------------------

學生：_____　家長簽名：_____

1. □ 我要參加　　　　　（請填上要參加人之稱謂）
2. □ 我無法參加

設計活動流程

我初次舉辦「班親會上菜」，是在帶二年級的時候，要帶一群二年級的學生做菜可真是個大挑戰（其實帶每個年級的學生做菜都是大冒險）。首先我希望這個課程結束後，學生要能學會做出簡單的料理，平常肚子餓了也可以自己動手。所以為了安全考量，我刪去需要用火的菜色，那麼電鍋和涼拌菜就是我的好夥伴了。最後我決定的菜單為：涼拌小黃瓜、雙色飯糰（捏成小球後沾香鬆和肉鬆）、水果、特調飲料。

接著，設想所有的流程細節，同時為了讓學生能從中學習，我將活動融入課程中。

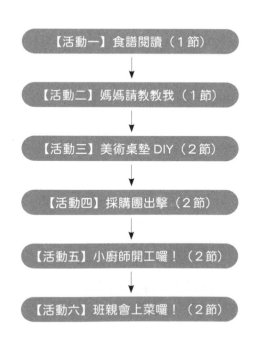

【活動一】食譜閱讀（1 節）

【活動二】媽媽請教教我（1 節）

【活動三】美術桌墊 DIY（2 節）

【活動四】採購團出擊（2 節）

【活動五】小廚師開工囉！（2 節）

【活動六】班親會上菜囉！（2 節）

食譜閱讀策略

大家一定覺得看食譜學做菜很簡單啊！不，對學生而言這件事一點都不簡單。因為食譜是一種不連續性說明文，不像他們習慣的課文或是課外讀物有上下文的線索，而且食譜的用語精簡，許多語詞對學生來說是陌生的，所以需要閱讀策略幫忙。

我從自己過往的經驗來思考，當我看完食譜後會先列一張單子，單子上分兩欄，一欄是要買的材料、另一欄是要準備的工具。轉化成學生的學習步驟，就是要先從食譜的文字中找出哪些語詞是食材、哪些語詞是工具、哪些語詞是動作。

考量對象是二年級學生，我將食譜的內容改寫成符合他們可以操作的步驟，再用 A4 尺寸印出一人一張，讓學生閱讀並圈出材料和工具，這是為了讓大家預先做好閱讀準備再討論。

接著每一組給一張 A3 大尺寸的食譜，分組討論填寫材料和工具的表格。第一次先發一張食譜練習，並帶著他們討論寫出來的內容，此時閱讀理解食譜的能力與背景知識有關，如果孩子的生活裡，爸媽不准他們碰也沒教他們使用這些廚房的工具，孩子

就會不知道這些工具的名稱，而導致工具列不出來。有了第一張食譜的閱讀經驗後，再發下其他食譜分次進行閱讀，確保每位學生都參與討論，最後再計算食材的數量和確認工具攜帶者。

　　若帶領的是中、高年級，就可以直接使用網路查詢食譜，再從查到的資訊中進行整理、歸納，列出材料和工具。

媽媽請教教我

　　做料理時要用到刀子、削皮刀、電鍋等工具，老師無法一一教學，這時候就請家長一同協助吧！請學生回家請教媽媽該怎麼使用這些工具，還有也要請媽媽傳授如何挑選食材的祕訣。藉由「媽媽請教教我」學習單，製造孩子從媽媽身上學到本事的機會，並從這些生活上的點滴增進親子間的互動。此外，因為每位媽媽給的經驗不一樣，為了讓同組的人都能學會不同的祕訣，我會分組製作海報，把媽媽交代的絕招貼到海報上在班上展示，這也會讓大家在料理過程以及採購時比較有概念。

班親會上菜 ~ 涼拌小黃瓜

組員：＿＿＿＿＿＿＿＿＿＿＿＿＿＿＿＿＿＿＿＿

做法：

1. 把小黃瓜、紅蘿蔔洗乾淨
2. 將小黃瓜和紅蘿蔔的頭尾切掉
3. 用削皮刀將小黃瓜和紅蘿蔔削成片狀
4. 小黃瓜片和紅蘿蔔片放在大容器（鍋子或是大保鮮盒）裡，加入鹽攪拌一下，放 15 分鐘
5. 將小黃瓜片和紅蘿蔔片揉一揉，加入冷開水搓揉清洗掉鹽分
6. 將小黃瓜片和紅蘿蔔片用手擠壓，瀝乾水分
7. 加入糖、醋和香油，攪拌均勻，放進冰箱冷藏

小朋友，請你閱讀完上面的做法後，將下面的重點記錄完成

＊我們要準備（　　）人份的

材料	誰帶		工具	誰帶

班親會上菜～媽媽請教教我

姓名：＿＿＿＿＿＿＿我負責的是哪一道菜？＿＿＿＿＿＿＿＿＿

我要負責帶來的工具是什麼：

我要請媽媽教我如何使用＿＿＿＿＿＿＿
把媽媽說的重點寫下來

我們這一組要買的材料是什麼？

我要請媽媽教我如何挑選＿＿＿＿＿＿＿
把媽媽說的重點寫下來

【老師給媽媽的話】：謝謝媽媽協助我們完成這項工作哦！孩子從媽媽身上學到最棒的本領！

【媽媽給我們的話】：

＿＿＿＿＿＿＿＿＿＿＿＿＿＿＿＿＿＿＿＿＿＿＿＿＿＿＿＿＿

＿＿＿＿＿＿＿＿＿＿＿＿＿＿＿＿＿＿＿＿＿＿＿＿＿＿＿＿＿

美感教學

「老師，要不要鋪桌巾？這樣比較美。」學生的這句話，又點燃我課程設計的靈感了。沒錯，那麼就來畫桌墊吧！搭配美勞課正在學習的冷暖色調教學，用粉蠟筆在圖畫紙上隨意塗上色塊，護貝起來就是美美的桌墊了，午餐時也可以使用喔！

採購團出擊

計畫這個活動時，本來想著讓大家分工帶材料來，但是考慮到這麼做會增加家長的麻煩，而且菜單也會提前曝光，所以在班親會前一天，我便帶全班出發去採購材料。

出發前先準備好購物清單，大家帶著單子到超市選購，回到教室再將金額寫到單子上，計算總金額以及每個人要負擔的金額。老師站在收銀台幫每一組結帳，一組一張發票方便計算。為了讓學生的任務清楚簡單，我將他們分成小黃瓜組、蘋果組、養樂多和綠茶組、免洗餐具組、調味料組，分組去採購，才不會造

成一群學生在超市裡衝來衝去找不到東西的窘境。

　　「這一包的小黃瓜比較長，可是比較少條……」

　　「我媽說皮要漂亮的，不能有傷痕的。」

　　「這個大罐的養樂多比較划算。」

　　看著學生們在超市裡精打細算、討論思考，實在覺得可愛極了。孩子小時候我們常常阻止他們做一些大人認為危險的事，但如果不教孩子正確使用方式和注意事項，孩子永遠被阻擋在外。我想，陪在孩子旁邊、給他能力，才是我們應該放手的前奏曲。

班親會上菜 ~ 購物清單

菜名：_____　姓名：_____

我要從家裡帶來的東西		數量

我們這組要買的東西	數量	價錢

上菜囉

因為當天總共有四道菜，所以需要計畫一下做菜的時間。要注意的是，絕對不能採取分組做菜，這樣老師無法掌控進度，也容易大亂。我採用的方式是同一時間，每一組做同一道菜。涼拌菜需要醃漬時間，要優先處理；煮飯需要時間但怕跳電只能用兩個電鍋，飯也不能太早煮，放太久飯粒會乾掉⋯⋯。這些都要先想清楚流程順序，我也會說出來讓學生知道老師是怎麼思考的。

班親會當天除了科任課外，我們整天都在做菜。由於學生只上半天課，做菜時間會不夠，所以我先徵求家長同意，讓學生下午留在學校直到班親會開始。家長不能出席的學生，我也同樣請家長同意讓他留下來跟我們一起做菜，完成後再讓他帶便當回家跟家長一起享用。

從洗菜開始，接著利用削皮刀將小黃瓜和紅蘿蔔削成薄片、調味、切水果、煮飯都是學生自己動手，當然做菜後的善後、清理也是由他們來。最後整理教室、擺盤、布置餐桌，在家長來之前完成場地布置。

　　通常這時候學生已經累壞了，我會預先多煮一鍋飯，讓他們加肉鬆先吃一點，然後在等待的時間開始寫活動心得日記。等到爸媽開始入場時，學生就是服務生，引導座位、倒飲料、上菜，家長一邊享用，一邊看老師播放今天做菜的照片和班級事務報告，學生們也在教室後方吃著自己辛苦做的飯菜。最後大家一起合力清理教室後才回家。

　　「班親會上菜」後來成為我固定的活動，我會在帶班第二年的第二學期帶著孩子體驗一次，這個活動所營造的美好回憶，無論是家長還是學生都好喜歡。

讓家長成為神隊友

> 親師溝通就是讓家長了解我們在學校的作為，用多元的方式讓家長參與孩子在學校的學習，當家長看見老師的用心與孩子的成長，就會給出更多的支持。

　　學生在學校的時間很長，老師猶如另一個父母，引導他們累積團體生活經驗、練習各種學習方法，許多事的做法跟在家庭中很不同。

　　我認為親師溝通就是讓家長了解我們在學校的作為，理解了就容易獲得支持。

　　親師溝通是一種藝術，不能太強硬也不能過於軟弱，最重要的是讓家長看見老師各種做法背後的用意，這也表示老師必須要

適度敞開教室的大門，運用多元的方式讓家長如同身歷其境般的參與課堂。

班級的活動週報

　　為了讓家長能多元參與，我在班上發行「精采生活週報」，將孩子寫得精采的小日記刊登出來。當我在孩子的日記本上面改 "good×3"，表示這篇日記被採用囉！學生會把日記內容用黑色細字筆謄寫在方格紙上，接著我會以剪貼的方式，拼貼成一份 A3 尺寸的生活週報，完全手工製作！小日記裡插畫畫得好的，我會邀請他們在週報上再畫一次。透過學生親手寫的文字、畫的圖像傳達暖心溫度，讓家長看見學生在學校的生活點滴。

　　週報的內容會呈現學校活動、課堂學習，家長閱讀時也就能夠知道我們做了哪些有趣的事，大人小孩都非常喜歡這份週報，這樣的溝通與傳達比只在聯絡簿上交代重要事項，或是在群組裡傳活動照片，感受好太多了。

親師溝通的方法

年資淺的時候只要看到家長在聯絡簿上留言就會很緊張，覺得家長是不是有什麼不滿。後來發現比起完全沒溝通就直接告到上級去，這些才是真的想與老師對話的家長。

記得，當我在推動閱讀期間，要孩子回家寫閱讀記錄單時，有位家長就在聯絡簿上留言：「老師，這個閱讀作業是不是要家長陪讀？還有作業要寫下最喜歡的一句話，但他寫的那一句話都很奇怪，我要糾正他嗎？」

看到這樣的提問，首先我會肯定家長對孩子教育的用心：「媽媽妳一定是認真的家長才會仔細看學生的功課。」接著同理家長疲憊的心：「下班後家務纏身還要花時間看功課，一定是筋疲力竭了，閱讀時間媽媽可以讓他自己閱讀，也可以一起閱讀，當作休息時間。」最後提出自己這樣做的想法：「記錄閱讀中最喜歡的一句話就讓孩子自己選，因為每個人喜歡的句子不一定相同，老師想讓孩子先累積經驗，之後會慢慢教他們如何寫最喜歡的句子。」

　　有效的溝通要從聆聽開始，當我們看到家長在聯絡簿的留言時，一定要聽出言外之意。若使用的是問句，有可能是希望獲得老師支持或給予肯定的解答，先肯定家長的用心，再溝通做法，就不怕會和家長產生衝突。

親師心語

　　每個月我會發一張親師心語給家長，除了一些重要事項的傳達外，也記錄一個月來的教學概要，例如：國語課上到什麼單元、老師設計了什麼樣的學習活動、家長協助的延伸練習方式，有時也會列出學生寫得很好的造句等。親師心語會在學校先讓學生畫上花邊，有時會有小欄位留給學生寫，讓他們也有機會與爸媽溝通。

　　有一陣子，我會在背面再印上一些親職專欄或教育新知等文章，讓家長也能吸取新的教育方式，同步升級。

　　學期末最後一次的親師心語，我會在最下方留一個回條位

置，請家長不必具名，寫下給老師的悄悄話，可以是回饋也可以提供不同的想法，大部分家長都會給老師正面肯定，也有些家長會直話直說的點出希望能改善的地方。藉由這個方式，我能聆聽家長的真實心聲並修正自己。

班級經營很多時候需要家長的認同與支持，老師勤於記錄教學內容、班級活動歷程，都可以讓家長更了解我們在教室裡做了什麼，也可以透過這些記錄傳達我們的經營理念，我開始寫「小壁虎老師'Blog」的起心動念就是基於此緣由，沒想到寫著寫著就寫了十七年。

在這當中，我深深感受到書寫的好處，除了得到更多家長、老師的認同外，記錄教學的同時也在做教學反省，對於教師的專業成長有很大的助益，推薦大家不妨也試著做做看喔！

不管給家長的是週報、親師心語還是重要通知回條，如果沒有一個固定的資料夾，孩子隨手塞進書包，回家後就是一堆皺巴巴的廢紙，甚至消失得無影無蹤。爲了避免這樣的情形，每個學生我都會準備三種顏色的 L 夾，分別是「閱讀單保護夾」、「學習單保護夾」和需請家長填寫並繳交回條的「重要資料夾」，三種資料夾上我都會貼使用說明，讓家長和學生一看就知道要裝什麼。這 L 夾可以用兩年喔！

　　若要代收費用，我也會先準備夾鏈袋，上面貼好姓名寫上座號，需要交錢的時候，就讓學生將交錢的袋子夾進聯絡簿裡帶回家，家長只要將錢放進去就可以了。接著準備一個小籃子放在我的桌上，隔天學生就將交錢的袋子放到小籃子裡。這樣可以避免學生忘記將錢拿出來，也可以一一確認每位學生繳交的金額。錢拿出來後，夾鏈袋就放回小籃子收進櫃子裡，遇到需要交錢時，就再拿出來使用。

上學真好玩的迎新遊戲

　　剛入學的一年級新生到新環境時一定是既緊張又焦慮，我們不必急著教規矩，要優先建立的是「學校很好玩」的好印象。只要在一開始先讓學生喜歡學校、喜歡老師，接下來每一天自然都能開心上學。

　　小一開學要面對一群剛從幼兒園畢業的小小孩，對很多老師來說是充滿壓力的事，根據我在低年級十一年的經驗來看，其實只要做好準備，一點都不需要擔心，甚至會覺得一年級新生非常可愛喔！

入學前先安家長的心

　　很多學生是家中第一個上小學的孩子，所以家長內心其實很緊張，因此我會在八月初先寄一張通知信，信中主要是說明學校的作息、規定，讓家長能放心，並且有所準備。

　　在信寄出一星期後，我會開始逐一打電話給家長，確認是否收到通知信，並且與家長聊聊，藉此先了解每個孩子的狀況。

親師心語　　　　　　　　　　8 月號

親愛的爸爸媽媽：

　　我是○○國小蔡孟耘老師，很高興能夠擔任您孩子的一年級導師。即將開學了，您一定為了孩子的入學感到興奮與緊張，建議您可以趁著開學前，經常帶孩子到學校走走逛逛熟悉環境，如果剛好老師在教室裡，可以順便跟老師打招呼，減少陌生感。

　　開學前的準備，老師列了幾點注意事項給爸媽參考，還有開學要帶的物品也請爸媽協助孩子準備好，放進書包開學那天再帶到學校。

1. 9/1（一）開學，上學時間：7:30～7:50。早餐很重要，請爸媽一定要讓孩子在家裡或車上用完早餐，進到學校將很忙碌，開學後的每一天都請用完早餐再進教室。

2. 中午在學校用餐，學校贈送孩子每人一套便當餐具，老師會事先洗乾淨，當天就可以使用，每天將便當盒帶回家清洗。

3. 12:40放學（開學第一週下午社團尚未開始，只有星期二讀整天，其餘都是12:40放學。
   第二週開始有上社團者4:00放學，老師會再通知。
   ※ 搭乘交通車的孩子，學校會另行通知早上等車地點和時間。
   （交通車事宜學校連絡電話：＊＊＊＊＊）

4. 服裝以整齊清潔為主，請孩子穿著布鞋（在學校跑跑跳跳活動多，穿著布鞋保護腳踝，也是正式場合的禮貌）。

5. 文具以簡單為主，請準備3～5枝鉛筆、好擦的橡皮擦、尺、紅筆一枝放鉛筆盒裡（為了養成執筆習慣，在低年級不使用自動筆，請爸媽一律購買鉛筆）。

6. 若有低收入戶或清寒證明、學生或家長殘障手冊，請在開學當天將資料交給老師，以利申請學雜費補助。

7. 學校廁所以蹲式為主，請爸媽先指導孩子使用蹲式廁所、擦屁股。

8. 請爸媽開始讓孩子養成上學時間的作息，晚上9:00就寢，早上才有精神哦！

要帶的物品：準備好了請打 ∨
□ 刷牙用具（牙刷、小杯子、牙膏）
□ 喝水杯或水壺（學校有飲水機）
□ 抹布 2 條
□ 衛生紙一包（大包的，不是隨身包哦！）
□ 粉蠟筆（軟質）一盒
□ 彩色筆一盒
□ 剪刀
□ 膠水
□ 鉛筆盒（3～5 枝鉛筆、白色橡皮擦、尺、紅筆一枝）

Ps. 老師會在開學前一週再跟爸媽以電話連絡。
老師的電話：0920-****** 有問題歡迎隨時與老師連絡。

我們 9/1（一）見囉！^_^　　　　　　　導師 蔡孟耘 敬啟
　　　　　　　　　　　　　　　　　　　　　103.8.1

我會將以下問題印成一生一張的電話訪問單，按照順序跟家長確認，順便做筆記：

　⑴家長是否收到老師寄的信，若沒有收到信，要追問地址是

否正確、家長留的地址是否為住家地址。

⑵ 家中電話、父母手機是否正確，藉由這個話題可以了解學生是否為單親或隔代教養。

⑶ 是否有兄姐在同校。

⑷ 是否上安親班及安親班名稱。

⑸ 開學當天放學由誰接送，日後放學由誰接，這裡要確認孩子是否有監護權的問題。

⑹ 是否上過幼兒園、哪一間幼兒園。

⑺ 身體狀況有沒有老師需要注意的事項，例如：蠶豆症、心臟病或其他疾病。

⑻ 飲食有沒有特殊禁忌、葷食或素食。

⑼ 家長是否還有其他疑問。

⑽ 跟家長約定好開學當天不要在教室外面逗留，老師會在適當時機請小朋友跟家長揮手說再見，這時家長就要頭也不回的離開。

透過電話訪問，可以拉近親師間的距離，老師也能同時掌握每個學生的基本資料。

不慌不忙迎戰開學日

　　開學第一天，通常是展現老師專業的最佳時機，很多家長會陪同參加開學的迎新活動，所以老師必須好好控制住場面才行。而這天也是決定小朋友喜不喜歡上學的關鍵，所以在掌控場面的時候，同時也要讓小朋友覺得上學真好玩。

　　我會在前一天準備好名牌、桌牌、旋轉蠟筆、一張上廁所的四格漫畫。開學當天比較早到的小朋友讓他們先塗顏色，安定一下心情。等學生到齊後，我會在學校迎新活動開始前半小時先跟小朋友玩遊戲，這個遊戲是為了之後能控制秩序用的。

一二三遊戲

　　一是手搗著嘴巴，

　　二是手放後面，

　　三是手舉高高。

　　老師先慢慢地喊口令，讓學生習慣動作。

一、二、三

一、二、一、二

二、一、三……

接著重複玩、用有趣的方式玩，可以變成 PK 大賽，獲勝的送貼紙；也可以老師只用手比數字，讓小朋友練習只看手勢做。

差不多熟練了以後，我會開始教學生排隊，過程中如果有吵鬧發生，立即喊一、二、一、二（通常三是非常控制不住時才會喊）確認每個小朋友都有跟上動作，通常這樣就會將小朋友注意力拉回來老師身上了。這個遊戲在之後的課堂上，也可以運用，甚至還能玩出變化版的呢！例如：四摸肚子，五摸頭等等。

迎新活動前，我會先跟小朋友約定好，等一下注意聽老師說話可以得到貼紙，活動進行中如果長官致詞很冗長，可以允許小朋友動（他們哪裡聽得懂長官講什麼啦），但不能出聲音（這是基本禮貌），若學生開始集體躁動了，就用手勢比一二三來控制秩序。

迎新活動結束，回到教室坐好後，我會請小朋友跟窗戶外面的家長說再見，大聲說的學生老師會送一張貼紙，可以馬上貼在

手上或鉛筆盒上喔！這件事很重要！因為家長留得越久，小朋友哭鬧的機率越大，利用團體力量，小朋友愛面子就不會大哭了。

萬一有小朋友哭了，老師就立即玩有趣的遊戲轉移注意力，然後趁機「示意」家長趕緊離開。所以老師得事先準備幾個容易進行的小遊戲才行。

熟悉校園環境

迎新活動結束後，接下來就要讓學生了解自己的班級和校園的基本環境。

我會先帶他們念幾次「我是一年幾班」好記住自己的班級、座號，接著走一次教室到廁所的路線，並教他們使用廁所的禮儀：敲門、如何使用蹲式馬桶（要一個一個蹲給老師看）、沖水的方式、輕輕關門、洗手等。

下課時一定要先將學生都帶去上廁所才能出去玩，每次下課時間都重複這樣做，會讓學生養成先上廁所再出去玩的習慣，之後才不會出現因貪玩憋尿，等到上課鐘響才要上廁所的情況。

此外，下課時間千萬不能直接放學生出去玩，他們不熟悉校園會迷路，不知道打鐘要回教室，所以老師要帶著他們出去玩，好練習記住路線，同時讓他們清楚聽到鐘聲就要回教室的規則。每節下課玩不同的點，這樣隔天就不會有迷路的小可憐出現。

聯絡簿與姓名貼

教小一新生認識聯絡簿也是開學當天重要的事項，知道「這本是聯絡簿」，還有每天都要請爸媽簽名。因為學生還不認識字，可以讓他們在家長簽名的格子畫上小愛心，我會跟學生說：「回到家要拿出這本聯絡簿，指著簽名處請爸媽簽名。再將聯絡簿放回書包。」這麼做還能訓練孩子聆聽和口語表達能力。

將姓名貼發下去，讓小朋友在每枝旋轉蠟筆、鉛筆、文具、牙刷、漱口杯、衛生紙上都貼上自己的姓名貼，學生很容易「忘記」自己的物品，所以每項物品都一定要貼名字。

了解用餐流程

　　一年級的學生通常必須在學校吃飯，所以教導他們吃飯的動線和規則很重要，先講解完畢後必須要再「演一次」，預演完後餐車也差不多來了，這時就能真正走一次用餐流程囉！

　　剛入學的一年級學生到新環境一定是既緊張又焦慮的，我們不必急著教規矩，但是一定要優先建立「學校很好玩」的好印象。我會學小兒科醫生準備好多張小貼紙在放學前送給學生，獎勵他們可以獨立在學校展開新生活。學生收到貼紙會將愉快的心情帶回家，跟家人分享的也會是學校有多好玩。只要在一開始先讓學生喜歡學校、喜歡老師，自然每天都會準時到校啦！

帶一年級還有一個大挑戰，就是打疫苗。打針對小朋友來說是一件壓力山大的事情，尤其是低年級孩子從未獨自在沒有家長陪同的情況下打針，若幼兒時曾經有過不好的打針經驗，或是聽家長說過不乖就請醫生打針之類的話語，他們的焦慮和恐懼就會擴大。打針時只要有一個學生哭，其他的學生都會被情緒感染而恐懼感上升跟著大哭，所以打針前的教育準備很重要。

打針一定會痛，我們不能騙學生說不會痛，一定會害怕，害怕的情緒也不是當場說不要怕就可以不怕。我認為會害怕是因為不了解，孩子們都只是被告知要去打針，但不懂為什麼要打針，所以在打疫苗前，可以先跟孩子說明原因，並找出相關的繪本來說故事。我會用《就只有這麼痛而已》跟小朋友分享打針到底會不會痛？能不能忍住打針的痛？讓學生先對打針的疼痛感有準備。

同時也與他們討論打針的經驗，哪個部分最讓他們覺得害怕？有學生說味道聞起來就很害怕；有學生說看到長長的針很害怕。別擔心，這些害怕我們有方法可以克服！我會訪問打針不會哭的學生有什麼絕招，然後將方法寫在黑板上：

忍耐、數五秒、眼睛看旁邊、放鬆、深呼吸、做鬼臉（臉

部皺在一起）……

　　我請學生將手臂用力，並摸摸看用力的肌肉是不是硬邦邦的，這樣針打下去就會比較痛，如果再加上掙扎亂動，針有可能斷掉那就更麻煩了。如果將手臂放鬆，針打下去非常容易，護士阿姨也不必很用力的戳，幾秒鐘就好了。

　　有了勇敢打針的方法後，就要進行模擬演練。每個人都到台前來，將肩膀露出來，練習將打針的那隻手臂放鬆。大家可以選擇絕招，如果還是不夠有勇氣，可以跟老師說，把臉靠在老師的肚子上讓老師抱著，老師會贈與勇氣。

　　打針時我會打開相機，跟學生說要拍下最有勇氣的絕招，藉此轉移注意力。如果真的很害怕，可以跟老師說要第一個打針，這樣就不必在排隊時越看越害怕。

　　我會在打針當天準備一盒糖果，讓第一個打完針的學生站在旁邊發送，只要打完後就可以立刻將糖含在嘴裡，用甜滋滋的味道忘記剛剛的恐懼。

　　靠著這個絕招，在我帶低年級的十一年間，保持了每次打針都沒有人哭的記錄呢！

CH.4

學生才是主人的
課堂管理

每個孩子都能是好助教

　　在快速的教學節奏中，想要讓學生保有自己的學習速度，老師必須要先花時間理解個別差異。透過不同的學習任務，就能給孩子更多彈性學習的空間。

　　老師們每天的壓力都很大，這些壓力往往來自於一進到學校，就得開始進行有時效性的工作，一節課四十分鐘，我們必須完成引起動機、教學活動、評量等流程，還必須兼顧學習成效、補救學習落後，當然還得要處理教室裡頭，學生各式各樣脫序的行為問題。

　　在有時間限制、進度壓力的課堂上，「動作快一點」是我們經常脫口而出的話。

　　這也是教育現場無奈的地方，學科領域有各種重要的內容要達成；彈性課程有各種單位要求的議題要融入，即使是教師自己規畫的校訂課程，我們也還是習慣要塞滿內容，還有學校辦理的活動、議題宣導等，每節課都是滿滿的，每天都是滿滿的。

　　為了達成上述的目標我們被迫加快節奏，同時也希望學生在課堂上能快速跟上，他們只能接受不斷被傾倒而出的知識，每節課可以學習、思考的時間很有限。

快節奏下的慢思考

　　有一次我參加一場研習，三小時的課程需要聽講、設計教案並立刻發表。聽講的部分有好多新知識，所以做了很多筆記，隨後開始設計教案時，我有點慌張，因為除了時間限制外，剛剛學到的內容我還沒完全吸收，所以只能跟著小組中的意見領袖決定內容。最後發表的時刻，因為怕自己講不好而暗自準備，自然無法聆聽他人的分享，直到自己上台分享完之後，才鬆了一口氣。

　　參與這樣快速產出的研習，我覺得自己根本無法思考。回到教學現場來看，這不也是我們教室內的場景嗎？有些學生可以快速達成，但還有更多學生需要的是思考的時間，以組織自己學習到的內容。

　　快節奏的課堂讓我們僅以答對或答錯來做為學習標準，但事實上答案對了並不代表是真的會，答案錯了也不一定是不會，為了調整學生的心態，在課堂上我會用「還有沒有別的想法？」、「有沒有別的方法？」來代替「答對」或「答錯」。

　　其實答案背後隱藏著想法，透過這樣的問句，我希望能讓學生說出自己思考的過程，而老師再從這些思考基礎底下，引導學生建構正確的概念。

　　以數學來說，最後解答會有標準答案，但計算過程卻可以有不同的方式，就算學生的答案是錯誤的，從他的解說裡老師也能找到問題點，導正思考方式。

　　如此一來，學生就會比較願意花時間好好思考，而不是追求快速的正確答案。

在作業中留下思考的痕跡

對於回家功課，學生也往往想要快速完成，有的草率的寫，有的依賴安親班老師指導或給解答，很多孩子都是抱持著反正答案正確或符合老師的期待就好。

我常常跟學生和家長溝通，老師想要的是有思考過的作業，即使答案可能不是正確的，但是我可以透過這些作業發現學生哪些部分需要再加強，如果都是全對的作業，老師就只是打勾的機器而已。

那麼，什麼是有思考過的作業呢？

例如：數學作業用自己的理解來寫出算式，在旁邊空間留下計算過程不要擦掉，這樣我們可以檢查是哪個步驟出錯了；寫生字的時候，先想清楚筆畫位置再下筆，每個筆畫停頓點要注意，不要撇來撇去；造句練習寫不出來時，可以參考課文中的句子或查字典上的例句，再改造成自己的句子，而不是寫安親班老師念的句子。

將學習主導權還給孩子

　　讓孩子自行完成作業會讓很多家長擔心孩子錯太多、要改太多，在改變學生的同時，我也會和家長溝通，請家長換個方式檢查作業。先檢查是否完成，再用「建議」的方式來提醒孩子注意錯誤的地方。例如：看到有錯的地方，可以說：「我覺得這個字怪怪的，建議你查一下課本的寫法。」、「我建議你重新計算，數字好像弄錯了。」、「這個句子讀起來不太順，建議你自己讀讀看，再看怎麼修改比較好。」

　　家長的角色是提醒，將學習的主權還給孩子，等到作業到我這邊來了以後，要花時間訂正，我也會跟學生溝通訂正是處理沒有做好、沒有學好的地方。但若是每一種作業都得花很多時間訂正，就要檢查自己寫作業的態度了。然後我會讓學生比較一下時間用量，草率寫作業要花的時間是原本的寫作業時間，再加上訂正修改的時間，一點都不划算。

　　我也會請學生說說看為什麼會這樣？作業有難度嗎？還是環境無法專心呢？我們一起想想解決的辦法。

在節奏快速的課堂中，催促學生動作快一點似乎不太有效果，動作慢的永遠都是那幾個，我選擇先花時間幫助學生建立正確的心態，學習並理解個別差異，和他們一起嘗試改善的方法，這樣才能獲得真正改變。

同一個教室裡的不同任務

短暫、快速、正確的學習節奏，需要很多的專注力，若是每節課都如此，學生肯定會壓力破表，接著就是疲乏應對。我們可以試著將課程調整，多一點思考的作業並增加等待的時間。問題來了，有的學生學習速度很快怎麼辦？這時老師要把握一個原則：讓這些人有做不完的事情。這些事情需要與學習有關，而且能吸引人想加快自己的速度。

以前我會印製高階練習題讓這些學生做，但是他們後來跟我抗議，覺得這是一種懲罰。想想也是，動作快卻要寫更多練習，這樣誰還想動作快呢？於是，我決定給這些學生「新的任務」。

擔任檢查員

先完成課堂學習的學生，讓我批改後全對的可以擔任檢查員。我會指導這些學生負責檢查某個項目的作業，每一個檢查員只需要負責檢查一個項目，且一個項目可以有數個檢查員，才不會塞車。

我會請這些檢查員搬張椅子坐到黑板前，並在黑板上寫上「檢查員一」、「檢查員二」等標明動線。只要有人寫完課堂作業，就到檢查員那邊檢查，收到檢查員提醒後回座位修改，修改完成就到同一個檢查員處再次複檢，過關了才能給下一個檢查員檢查。

檢查員必須用提醒的語氣說話：「這裡忘了寫」、「這裡要擦乾淨才行」、「這個字筆畫超出格子了」，而不是直接告訴他們答案。

檢查員要檢查的項目可以有很多種配置方式，下面是幾個我常用的實例，提供給大家參考。

檢查員設置項目	適合的作業形式	實用例子
老師批改作業的標準	抄抄寫寫的作業。	【生字練習】 檢查員一：檢查每一個字是否寫在格子正中間。 檢查員二：檢查老師上課強調一定要注意的筆畫是否做到。 檢查員三：挑出龍飛鳳舞的字。 檢查員四：維持簿本乾淨，找出鉛筆痕跡沒有擦乾淨的地方。
上課強調的練習重點	造句、數學練習、筆記。	【造句】 檢查員一：檢查句子是否完整，符合時間、誰、在哪裡、做什麼事情，四個要素。 檢查員二：檢查標點符號。 檢查員三：檢查注音要改成國字。 檢查員四：檢查錯別字。 檢查員五：維持簿本乾淨，找出鉛筆痕跡沒有擦乾淨的地方。

步驟工序	有步驟性的作業	【小書製作】
		老師先將步驟拆解說明清楚，學生按照步驟完成，這時老師是唯一的檢查員，但是等到有學生完成作品後，就可以升級成為檢查員。
		檢查員一：檢查封面。
		檢查員二：檢查封底。
		檢查員三：檢查插圖是否為彩色。
		檢查員四：檢查內頁的頁碼。
		檢查員五：檢查鉛筆的痕跡是否擦乾淨。
		檢查員六：檢查錯別字。
		檢查員七：書頁按照順序排列整齊。
		最後再到老師這邊組裝內頁與裝訂封面。

　　老師可以自行變化各種檢查員，只要完成作業且通過老師的檢查，就可以升級成為檢查員，同一個項目的檢查員坐在一起，這樣可以避免排隊人潮，否則一旦排隊時間太久，學生又容易搗亂了。

讓學生有不同的學習軌道

　　想要讓學習能力不同的學生都能在同一堂課中好好學習,還有幾個好用的方法提供給大家參考。

增設特別助理

　　老師可以在身邊增設特別助理,不著痕跡的給資源班學生或是過動的孩子一個表現的機會,這些孩子大部分動作比較慢,或很難有耐心跟著程序被檢查,所以需要老師帶在身邊特別關注。資源班學生視情況可以不必給檢查員看,直接到老師這邊依照他們學習狀況制定通過的標準。一旦通過了,就成為老師的特別助理,協助老師整理交來的作業。

　　過動的孩子如果可以跟著大家通過檢查是最好的,但要是在某一關失去耐心,就到老師這邊個別指導,一樣只要通過了,就賦予檢查員任務,但必須先約法三章,若被投訴就要回到老師身邊當特別助理,做些蓋印章、翻頁、排作業等建立耐心的工作。

老師也可以視情況安排特別助理，去幫助進度嚴重落後的學生。

精熟練習桌

　　生生用平板計畫開始後，學生可以使用載具學習，我會準備三到五張小桌子擺上載具，動作快的學生可以開啟載具，到老師預先設置好的平台進行精熟學習。我會將精熟練習桌刻意區隔到不同的桌區，不讓學生拿著載具回座位使用，這麼做的用意是避免還在寫作業的學生分心，也可以讓精熟練習的人互相幫忙，例如：登入問題、解題問題討論等。精熟練習完成的人可以升級成為助教，在精熟練習桌區遇到問題都可以請教他們。

作業助教

　　動作快且完成度高的學生，可以掛上助教的桌牌，還在寫作業的學生若遇到困難，可以舉手申請助教協助，成為助教的學生。老師會預先指導助教用提問的方式引導學習，而不是告訴他

們答案。例如：這一題主要是問什麼？你寫這個算式的意思是什麼？這個句子少了哪一個要素等。

解題開發人員

　　會設置這個人員，是因為某一年我的班上有兩位資優班學生，他們的速度實在是太快了，讓他們當助教、顧問好像又太大材小用，於是我請他們成為解題開發人員，也就是替經典題型開發 N 種做法。他們會將做法寫在一張 A3 大的紙上，還會用不同顏色的筆說明，然後公告在公布欄上。資優班學生非常喜歡這種有挑戰性的任務，其他同學也能從中學習到不同的解題方式，甚至會加入解題開發討論，讓數學不再只是背公式。

　　課堂作業經過這些助教、檢查員的細心協助後，變得很好改。在課堂上每個人的作業也因為檢查員的提醒，反覆學習後變得更加精熟。為了想當上檢查員大家都卯足全力認真完成，老師只需要當指揮，將學生安排到適當的幫手身邊，不用再聲聲催促「快一點」啦！

我們的教學習慣快速、短期完成的作業，孩子往往缺少長期作業的耐性，但他們面對的未來卻又很需要這樣的能力。以學校學習來看，學生習慣一個指令一個動作，不太需要自己管理行程，但是中、高年級以後會有科任課，一週見一次面的科任老師出的作業，就需要學生自己管理了。上了國中以後，每一科的老師都不同，所有的作業時程都會拉長，學生需要學會規畫、執行、修正、重新規畫的循環，否則就會因一團亂而跟不上。

因此在我的教學規畫裡，每學期都會加入一個必須有毅力堅持完成的長期作業項目，有時候是一個挑戰；有時候是一個實作。像某一年我就帶著二年級的學生製作了娃娃屋。每週一次，每次三節課，這個娃娃屋我們花了將近兩個月的時間，每一週都有需要完成的進度，最後學生的創意與作品令人愛不釋手。

長期的作業讓孩子學習到的是堅持、是耐力，還有時間累積下的豐碩成果。[1]

---

1. 更多娃娃屋的照片及教學內容可至「小壁虎老師 'BLOG」。

有思考、能專注的參與式課堂

　　班級要經營的是將「心」拉在一起，教師除了傳遞知識外，更要營造讓學生願意學習的環境，如何讓無聊的課程變有趣、讓學生主導學習，都考驗著我們的專業能力。

　　課堂秩序一直是老師班級經營優良與否的重要指標，如果上課的時候，全班鬧哄哄或是各做各的事，不僅學習效果差，老師還得不停地中斷課程來管理秩序，那麼教室的氣氛一定不會好。更麻煩的是學生上課時不認真聽講，導致作業錯一堆、觀念不清楚，老師就得花費更多時間進行補救教學，惡性循環下師生都會感到疲憊。

在就讀研究所時，有一門課讓我印象深刻，教授在上課前會提供一些研究篇章讓我們課前閱讀，上課時再回答問題，這些問題有的是簡答題，有的則需要進行歸納整理。我非常喜歡這門課，因為在其他聽講式的課堂裡，我往往需要不斷的做筆記，沒有時間多想，無法專注而進入恍神時，就會忍不住開啟電腦分頁去做別的事。

但是這堂課不一樣，我必須集中精神，將閱讀過的文章重點組織後，再用自己的話表達，在回答問題的過程中，我發現自己快速地做了摘要、歸納、統整，最後再經由教授的講解理解錯誤之處。時間總是過得特別快，學到的知識也記得特別牢，明明是不輕鬆的學習過程，卻覺得收穫更多。

翻轉學生的學習慣性

回到我們的教室裡，傳統的教學是以老師為中心，老師在台上講解，而學生只能安靜的聽、被動的接受資訊，即使老師設計

了提問，學生能回答的空間也只有老師已經設定好的正確答案，久而久之，學生就不想發言了。加上小學生的專注力可以維持的時間不長，一節課四十分鐘都要保持高度注意力是不太可能辦到的。與其不斷的糾正學生要認真聽課，倒不如把學習的主導權交還給他們。

我們只要將教學流程轉換成學習步驟，設計任務讓學生主動去學習原本我們要講述的資訊，如此一來，學生就能更積極地去獲取學習素材，老師也樂得輕鬆。以下幾項是我在國語課中常用的做法。

識字教學

老師教了生字的筆劃筆順、拼音以後，立刻拿出習作考第一大題寫出國字和注音，考試時間結束前，開放學生查看課本，不會的字、寫錯的字自己修改，最後用藍筆自己標示出錯誤的筆劃、寫不出來的字再練習一次，甚至回家功課只要將寫錯的字重複練習即可。

　　這麼做既可以鞏固學習，又可以讓學生自己發現錯誤之處。經過幾次經驗後，學生就會知道前半段的生字教學要聽的重點，也了解到專注聽講對回家功課多寡的影響，自然而然就會調整態度成為主動學習者。如此一來，老師不必再刻意要求，學生也能專心聽講了。

語詞教學

　　請學生將不會的語詞（可依照當課想要讓學生學習的重點而定，考試會考的、疊字詞、成語、形容情緒的詞等等）圈出來，然後到教育百科網站查詢語詞意思，接著就能玩「我說你猜」的遊戲囉！

　　一人上台選一個自己圈出來的語詞解釋意思，但是不能說出那個語詞中的任何一個字。台下的人翻閱課本，猜猜看是什麼語詞。老師只負責主持和補充，學生為了將語詞解釋清楚，需要先理解，然後用自己的話詮釋，這樣的學習方式比起聽講效果好太多了。

　　如果是成語或是希望學生能運用到寫作上的語詞，可以找三篇用到這個語詞的文章讓學生閱讀，然後再讓學生用自己的話解釋意思及用法。透過閱讀學習語詞的使用情境、多篇文章的歸納，再用自己的語句詮釋，比起老師解釋半天更有學習效果。

擴充學生的專注時間

　　學生的專注力不長，在一堂課的流程中會需要轉換學習活動，我喜歡以「動」來換取更多「靜」，這麼做能讓學生有時間可以稍微喘息，還能以不同的方式持續學習。

穿插動態學習活動

　　講述式的教學可以依照重點切成幾個段落，在每個段落中間穿插動態的學習活動，例如：數學課講解一個重要觀念後，讓學生兩兩一組，將重點說給夥伴聽，兩人都說完後，再把重點以條

列式記錄下來。也可以在寫練習題後，請學生解釋自己的算式給夥伴聽，兩人的算式不同也不要急著改，先聽聽對方的說法，再研究誰的算式比較正確。透過自己的詮釋與聽別人的想法，用不同的方式再學習。

將遊戲融入學習活動

在學習過程中，學習動機十分重要。如果學生對學習活動缺乏興趣或動機，那麼必然會影響學習效果。其實只要在課程裡融入一些小遊戲，就能讓學生對學習活動感興趣喔！

我曾在四年級的圖書館課中設計了一張學習單做為上課教材，裡頭有十道題目，學生必須上學校圖書館的網頁查詢書目，並記下分類號和作者。第一次上這堂課的時候，我從查詢書目要用關鍵字開始說明，然後再講解怎麼看作者、分類號，最後提醒學生最後一道題要依照查到的分類號，到櫃子裡找到那本書。

這樣一堂課講解下來，我覺得氣氛很悶，而且學生明顯表現出不耐煩的態度，這時我就知道這堂課有點失敗了。第二個班上

課前，我改變了教學方式，將十道題目放到 Wordwall 平台上，選用轉盤式遊戲，然後以組為單位印製答案紙數量。上課的時候，以三人為一組，配發兩台載具，一台用來玩題目轉盤，另外一台用來查詢書目。玩的過程中，學生會發現打書名太慢（題目故意找書名很長的），要用關鍵字查詢比較快。查到書目資料後，他們就可以一起閱讀查詢到的資料，找到分類號和作者的欄位。

同樣的課程內容，我只是改成讓學生以遊戲的方式學習，學生的學習態度變得積極，上課氣氛也不一樣了。

增加起身活動的機會

曾經有個學生很明顯的坐不住，上課的時候一下子椅子發出聲音，一下子拿別人的水壺，弄得周圍的人都被影響而無法專注。一開始我也是用了很多方法，獎勵、責備都無效，實在非常灰心。後來閱讀了一些書籍，談到運動對過動傾向的幫助，我開始請他下課出去運動，到操場跑一跑、跳一跳，或是給他跑腿任務，消耗一下動能，回到教室就可以稍微穩定一些。此外，我還

會製造許多讓他在上課時能正當走動的機會，例如：擦黑板、發作業、幫老師遞茶水、當老師上課的助手等，沒想到竟然成功的以「動」換取更多「靜」。

當我們改變傳統的講述方式，讓學生分組討論、執行任務，這些都是增加起身活動的機會，反而更能促進學習，一旦學生沉浸在學習中，老師就不必一直管秩序了啊！

如何增加學生參與的意願

在課堂上，老師大部分的提問都有一個正確答案，學生回答正確老師會稱讚，回答錯誤會直接被否定，久了就變成只有幾個人在回答，其他人都怕講錯而閉嘴不語，然後聽著聽著就開始神遊了。

我很少稱讚學生「答對」，也很少回應學生「答錯」，而是用「有沒有別的想法？」、「有沒有別的方法？」、「多說一點你剛剛的意思是什麼？」、「你從哪裡知道的？」、「你為什麼

會這樣想？」這樣的問句來回應學生，這些問句可以讓我知道學生的想法，也可以讓其他人學習別人的方法，我認為這些比起正確答案更重要。

不會因為答錯而被否定，學生就比較願意說出自己的想法，也會感受到這是一個安全的環境，進而願意參與課堂。

此外，我常會在下課前讓學生想想「剛剛學到什麼」，可以是知識、技能，也可以是情意部分，讓學生替課堂做一個總結，老師也能順便檢核是否達到學習目標。

我覺得讓無聊的課程變有趣，也是班級經營成功的要素。如果這堂課有料又有趣，轉換活動節奏清楚明快，學生感受愉悅自然願意參與課堂。課堂上我們可以讓孩子有更多的觀察、探索和嘗試，撤除要「教他們」的心態，而是跟學生一起去發現並肯定他們的發現。

立下界限的科任教室

科任老師沒有時間像導師一樣緊迫盯人，所以一定要讓學生清楚知道上課的規則。而短時間內相同課程重複施行，更能讓我們快速進行教學修正，是教學功力迅速累積的好機會。

　　科任老師在各班輪流上課，沒有時間也沒有空間像導師一樣緊迫盯人，所以每一節課都要掌握好學生的學習狀況。第一次當科任老師的時候，突然面對數班沒有情感基礎的學生，每次上課都來去匆匆，想追作業、抓訂正，約定好的時間經常等不到人，實在令人頭痛。科任老師不必管理學生的大小事，比起導師應該是更受到學生喜愛，學生們的眼睛是雪亮的，對於老師認真與否、這堂課好不好混都很清楚。

清楚說明上課原則

第一次上課我會先讓學生知道老師的課堂原則與習慣，並且清楚說明為什麼要這樣要求，例如：

⑴ 上課的時候，當老師說「看我」，就是有重要的事項要說明，所有人都要停下工作，眼神望向老師，因為從眼神中可以讓我確認大家是否專心聽講。

⑵ 桌面上除了課本、習作、鉛筆盒外，其他的物品都不能出現，這是為了避免學生玩小東西分心或是打翻水壺之類的災難發生。

⑶ 準時上下課是老師最重要的準則，我會在下課時間就動身前往教室準備，鐘聲打完就立即上課，所以我也希望學生在上課鐘結束時就坐好、準備好課本。因此不能聽到鐘聲才跑回教室，而是快要上課前就必須提早回教室準備。

其實在我當導師的時候，也會如此要求學生，只是導師一天有好幾節課可以讓學生多次練習，科任老師和學生可能一週才見一次，所以在建立這些原則時會用比較嚴肅的態度來處理。當我

說「看我」時，會等到全班都看我才開始說話；上課時若拿出不相關的物品，會先請他將物品放到老師這邊，下課再歸還；上課鐘聲打完了，才進到教室，我會記錄遲到多久，下課時請這些學生到我面前將時間加倍奉還。原則不需要太多，但一定要做到，學生才會信服不會投機鑽漏洞。

圖像座位記憶法

成為科任老師對我而言最苦惱的是記學生的姓名，我通常都是用位置記人，先畫出各個班級的座位排法，然後將人名填寫進去。只是每個班的排法不同，換座位的日子也不一樣，當我好不容易記住，學生竟然又換位子了，我又得重新調整。

後來我採用「活動式座位表」。每個班用一張 A4 白紙、小尺寸的便利貼來做座位表，第一次上課時，讓學生將姓名寫在便利貼上（也可以用姓名貼），然後按照座位排列方式將便利貼貼到白紙上，再放在 L 夾裡，座位表就完成了。如果授課班級比較

多，這個步驟可以交給學生專人負責。若班級變換座位，只要請該班學生在下課幫忙換一下便利貼的位置就好啦！

我們也可以將學生請假、平時表現等直接寫在座位表上，學期末或每個月記錄時再更換新的便利貼，管理起來會輕鬆許多。

學習管理好妙招

學生上課表現、出缺席等都需要記錄下來，一來能夠掌握每個人的學習狀況，再者平時成績也會比較好給。每個學期教科書出版社的業務都會提供老師一本成績登記簿，裡面有課表、作業號碼表、行事曆和登記成績的表格，我會一班準備一本。第一堂課就選好兩位小助理，每次上課請小助理主動將缺席、請假的學生先登記在行事曆的格子裡；上課中不專心或是違反上課規則的人，就請小助理在行事曆當天的格子用紅筆記下座號和扣分；小助理幫忙收習作或作業時，可以用簿子裡的號碼表，已經交了就圈起來；上課進度也可以記錄在行事曆上。

作業訂正也是科任老師最困擾的，每次改完習作，我會利用上課時間講解，並撥出時間看學生訂正，訂正完成後才會登記分數，所以只要看分數登記表就知道是否已經訂正完成。訂正完成的學生會升級成為顧問，顧問可以提供諮詢、檢查答案，如此一來就可以縮短看訂正的時間，也可以掌握完成的人數。

學生因為請假或作業、訂正未完成，需要單獨另約時間補救時，我會發加班單給導師，讓導師知道學生必須何時到何地找我。導師看完加班單後，會轉交單子給學生，加班的時間就由學生自己記住負責了。

用鼓勵看見孩子的轉變

這學期有個學生在課堂上經常不配合，越管他，他的行為越嚴重，作業也常常不訂正。科任老師在班級的時間短暫，很難像導師一樣有許多彈性的時間，可以好好的引導、矯正孩子的行為。於是我選擇先忽略他一些不好的行為，然後採取鼓勵的方

式，放大他的優點，例如：本來在課堂上都隨意回答，我特別挑選其中某句話給予大大的讚賞：「你這句話是經過大腦思考過的答案。」本來在課堂上作業愛寫不寫，當他動筆寫了幾個字，我立刻給予肯定：「你的字滿好看的，不用怕寫錯，老師如果看不懂就會直接問你。」本來在課堂上一生氣起來就會氣很久，我轉換遊戲活動時不動聲色的讓他一起加入，當他開始跟著玩時，我給予鼓勵：「這次你知道控制生氣的時間，真的很棒。」就這樣慢慢的那位學生的課堂表現越來越好了。言語的力量很大，即便和孩子相處的時間短，但只要用到對的方法，有心想做，科任老師一樣是孩子成長的重要養分。

跑班必備小物

　　科任老師跑班不可少的就是無線滑鼠。教室裡的滑鼠幾乎都是有線的，這樣教學時就會被困在電腦旁邊。每次上課前，只要將自己的無線滑鼠感應器插在教室電腦上，就可以帶著滑鼠走動

或站在後面上課。

　　教具多的科目，我會買有輪子可折疊的箱型推車，將教具、水壺、麥克風、文具袋等物品裝在箱型推車裡，這麼一來就可以像空姐一樣優雅地拉著箱型推車到處上課啦！

　　這些經驗都是我多年的累積，當導師的時候，我養成了寫部落格的習慣，將教學記錄下來。記下的同時其實也是在做教學反省，希望日後再上到同一個單元時有往例可循。但是再次試驗修改教學的時間，得要等兩年，實在太久了。不過，科任老師不一樣，由於一週內同樣的內容要上好幾次，第一個班上得不好，第二個班可以立刻修改，教學實驗的速度加快許多，能在短時間內不斷的進行教學修正，讓教學功力大增，也能學習到快速有效的管理方式來修正學生的行為，實在是擔任科任老師最大好處。

沒有客人的分組討論方法

　　小組討論的重點不在於答案正確與否，而是去聆聽他人的想法、學習不同的做法。因此在課程中，必須讓每個人都有事做、都有表達的機會，透過組員間的互相學習與協助、分工與合作來達到學習目標。

　　分組討論是很普遍的課堂活動，還記得高中時期，數學老師在我們班實施分組合作的學習實驗，上課時老師會發下題目，然後分組討論解題方法，等小組討論出解題方法後，再由組長上台報告。我在數學方面，學習能力比較低，每次小組討論只見厲害的人很快地就將題目解出來，然後直接告訴我們解答。這樣的小組討論被意見領袖掌握，其他組員只能接受單一說法，對我來說

有點痛苦，因為總是還沒有弄懂，老師以為上台報告對了就是大家都懂了，然後下一個題目又來了。

思考小組討論的目的

　　分組討論大部分是依照組別或是座位的排列自然成組，在第一章中提過，座位的安排以倆倆為夥伴，四人為小組，是導師在教室裡最容易形成的小組形式。科任老師到教室除了依據導師已經安排好的座位分組，也可以依據自己課堂需求重新分配。我的分組方式經常改變，目的是希望學生能夠與不同思考方式的人學習磨合。小組討論時，我也會開闢地板空間給動能需求量大的學生，因為地板空間比較大，動來動去比較不會影響其他人。有一次上課，我用了這個方法在某位學生身上，只見他不斷的在地上扭動、滾動，但是靠過去旁聽又可以聽見他是有參與討論的，所以我也就彈性給予他較大的活動空間。

　　討論過後在各組呈現報告時，我會用「比較」的方式來進

行，詢問學生：「各組答案，有什麼差別」、「哪一組的做法比較適合」、「哪一組的作答方式最完整」因為在分組討論時，通常學生只在意自己組別的答案，用比較的方式可以讓他們用心觀察其他組的報告、學習他人的長處。我認為小組討論的重點不在於答案正確與否，而是去聆聽別人的想法、學習不同的做法。

小組討論的目的是什麼呢？這是我每次要給學生討論任務時，都會問自己的問題。小組討論的目的，可能是希望透過組員間的互相學習與協助達到學習目標；可能是希望聚焦歸納整理資訊；可能是希望組員交換意見達成共識……。老師必須先想清楚目的，在帶領學生討論的過程才不會只淪於對答案而已。

帶領小組討論的技巧

在小組討論時，我認為老師是主持人的角色，只需要引導學生進行討論，在適當的時間提醒注意事項、清楚討論目的並且掌控時間。

每一次進行小組討論前，我會讓所有人都先完成個人任務，有了準備再跟組員討論，才會有自己的想法與意見，這麼做也是給能力弱的學生多一點準備時間；讓能力好的學生先組織自己的想法。下面我舉一個教學實例來做說明。

討論前有準備

當我要進行「斑腿樹蛙」的分組教學活動時，會請每個人先閱讀「捕蛙行動」這篇文章，並用螢光筆標注作者捕蛙的原因、斑腿樹蛙的相關知識。

把想法拋出來

接下來我會請學生先跟旁邊的夥伴交換意見，互相看一下各自畫的重點。這裡要注意的是，不是讓學生對答案，如果遇到兩個人畫的重點不同時，不要急著更改做法，而是要聆聽對方的想法、提供自己的意見，再決定要不要修改。

讓每個人都有事做

　　等上述準備都完成後，再來才是進行分組的任務。我會請各組將這篇文章裡跟斑腿樹蛙有關的知識寫在便利貼上，一個知識寫一張，再貼在 A3 白紙上。討論的時候我喜歡用便利貼，需要整理訊息時可以隨時移動調整，多人表達意見的時候也方便看見每個人的想法。

　　討論的時候，每個人都要有事做，不能只靠一個人寫，否則時間會拖太久。所以在寫之前，先引導學生想想有沒有什麼方法可以讓每個人都寫，卻不會重複？我會將學生的想法寫在黑板上進行討論。

　　生：有人負責分配誰寫什麼。

　　生：可以用段落來分配，一個人負責兩段。

　　生：要寫什麼先說出來，其他人就不會寫一樣的。

　　師：這三種方法都可以試試看，小組自己決定要用哪一種。老師提醒大家，要照顧寫字慢的人，不要分太多給他們。

　　如果有小組工作單的話，我會換人寫，讓每位學生都能參

與，而不是只靠一個人寫，其他人出一張嘴。

當各小組完成後，便將這些便利貼分類，並幫這些類別想一個小標題寫在旁邊。在執行這個任務時，老師同樣要提醒學生不能只有小組領袖有意見，如果要移動便利貼，必須先說自己的看法，並詢問組員的想法。老師也可進行示範教學，如：「我覺得這張要放到那邊，因為……你們覺得呢？」讓學生理解如何溝通合作。

分組報告的要點

在完成書面資料後，要給各小組練習時間，讓整組都一起練習報告整理好的重點內容。每一個組員都要清楚知道自己那一組的內容。

報告後的老師講評時間，則以「比較」和「問句」來提示學生學習重點。

師：我們來比較一下這兩組，這一組寫「有斑點」，另外一組寫「大腿內側有斑點」，哪一個資訊比較完整？

　　師：我們一起來想一想，「需要帶網子」這張跟斑腿樹蛙的知識有關嗎？請這一組說說看你們寫這張的想法。

　　師：這節課你學到什麼？

　　生：斑腿樹蛙是外來種，需要移除。

　　生：討論的時候要聽別人的意見。

　　生：斑腿樹蛙的身體特徵。

　　生：可以用便利貼分類整理重點。

　　用這樣的方式來帶領學生進行分組討論，相信每個人都能獲得扎實的學習。

用遊戲制定分工與合作的規範

　　在分組教學中，我也會設計遊戲來制定規範，好讓各小組能順利完成分工與合作的目標。例如：在「如何運用圖書館網站查詢書目」的教學活動中：我讓每一組配置兩台載具，一台用來玩轉盤遊戲，一台用來查詢書目。對學生解說完設備功用後，接著

請學生們依照專長分工。

　　師：三人一組，每一組會有轉盤員、查詢員和填答員，分配工作的時候要用專長來分，例如：查詢員可以分配打字快一點的同學，填答員則需要寫字快一點的。

　　為了讓每個人都能充分學習，我會請學生們先調整座位，好讓同組的三個人都能同時看到載具螢幕，接著說明遊戲規則：

　　師：遊戲規則是這樣的，轉盤員在觸控螢幕轉題目前，要先對組員說：「大家一起看，我要轉囉！」然後三人一起讀出題目。查詢員開始用另外一台載具查詢書目，這時候三個人都要一起看著查詢員打字是否有誤。查到答案後，三個人一起看著填答員將答案填上去。也就是所有事情都要全組一起行動，只要有人違規，就會被扣掉點數喔！

　　如果分配工作時有小組僵持不下，我會讓其他組先開始玩，然後引導組員們思考：「有沒有別的方法可以解決分工的問題？」並且說明如果繼續有人堅持不讓，那麼到最後沒有完成任務，就得在下課留下來完成。大部分的組員聽到老師這麼說，就會開始想其他辦法來決定工作，例如：猜拳。

　　運用遊戲的方式進行小組任務，每個學生都會覺得有趣，同時懂得分配工作又能學習合作，老師只需要巡視並解決小問題就好，真是一舉數得！

小壁虎老師好妙招

　　為加強學生數位科技應用能力，熟悉數位學習平台、工具與資源使用，並運用數位學習平台培養自主學習能力，教育部自民國一百一十一年起連續四年投入二百億元推動「班班有網路 生生用平板」政策。

　　許多老師認為這個政策真是太好了，有了數位工具的協助，課堂上就能夠實現更多教學理想。不過，也有老師不願意碰數位學習這一塊，一來是自己的資訊能力不足，二來是怕設備出問題或是不知道該如何進行數位學習的教學。

　　然而這是一個時代的趨勢，記得新冠肺炎疫情嚴重時，我們不得不開始線上教學。但在無法與學生直接面對面上課的情況下，很難掌握學生的學習狀況，單純講述式的教學方式，讓老師變成直接對著螢幕自言自語，而學生自顧自地做自己的事。那段

時間，學生每天都可以合理上網，數位能力進步神速，甚至知道如何開分頁並關掉老師的聲音。這是一個不可逆的浪潮，我們無法不讓學生接觸手機、平板等 3C 產品，與其抗拒不如化阻力為助力，教學生如何善用科技來學習。

教室裡使用行動載具，最常聽到老師想要有像電腦教師一樣可以鎖定螢幕的功能，希望可以藉由控制學生載具的螢幕畫面，讓他們專心上課。關於這點，我反而想用管理的角度來處理，我們要教學生透過數位平台、數位工具來學習，過程中他們會想要去探索是很正常的，畢竟各類型的載具都具有多工的效能，我們大人也很常開多個 APP、網頁呈現多工狀態，在電腦上處理工作時，也經常分心開分頁做其他事。既然學生想要探索，我會撥出時間讓他們自由探索載具與平台的功能，在這過程中，學生不知不覺就學會一些操作技巧，有時還可以教老師祕招呢！

上課的時候，我會拿著無線滑鼠站在教室後方上課（現在也有一些程式可以讓平板直接投影到教室電腦），這樣學生的螢幕在哪個頁面一目了然。我們不一定要讓學生一整天或是一整節課都使用載具，而是必要時才拿出來用。如此能讓學生了解載具就是用來學習的。

數位學習任務的設計也很重要，我們可以透過任務讓學生忙著操作，這麼一來老師不但能減少講述式教學，而且當學生認眞投入任務時，自然也就不會分心想玩其他的了。

CH.5

成為更好的人

由他律變自律

　　教育應該是教孩子方法，讓他們有能力成為更好的人。我們要做的事情是陪伴他們在出錯與修正的過程中，觀察可以施力的點，推孩子們一把。

　　我們的教育往往著重在學科上的努力，學生的角色幾乎都是處於被動的受控制者，在教學進度和班級人數眾多的壓力下，對老師而言最有效的方法就是直接下指令，讓學生照做就好。但這麼做只能讓學生學到服從，而非自我管理，單靠外力強制跟著做，一旦老師這個外力消失，學生終將無所適從。

　　老師一點都不想成為碎碎念的管家婆，學生也不想成為一直被念的對象，但我們的教室卻常常變成最不想成為的樣子啊！其

實學生對自己的缺點都心中有數，很不想被大人念卻束手無策，因為他們不知道該怎麼做才好。所以我期望能帶著學生覺察自己的行為，讓他們能夠自我成長，朝著「自律」方向靠近。

改變心境才能改變處境

在教學現場很常聽到老師抱怨：「已經講過好幾次了，怎麼都沒在聽」，帶班這麼多年，我也是難以忍受不斷提醒，學生卻還是重蹈覆轍。每當出現這種狀況，我會先改變心境去設想「除了抱怨，還能做什麼？」同時重新思考哪裡有問題。如果一件事得重複提醒，那麼我會警覺的先檢查是否有來自老師端的原因：

說話時，學生是否專注聆聽？

說明的步驟或規則是否過於複雜，使學生容易漏掉其一？

規則是否太瑣碎？太細的規定，學生容易動輒得咎。

思考邏輯是否與學生不同，讓學生無法理解而用自己的想法來做⋯⋯

　　學生的注意力本來就不持久，當要說明重要規定或步驟時，我會拍三下手，對學生說「看我」來確認眼神，把專注力拉回老師身上；規定的步驟，盡量減少在三個以內；不要一次制定太多項目，使學生不易遵守，多利用階段任務的方式，逐漸提升學生的能力；多聽聽學生的想法，我會說出困擾跟學生們討論，並說明制定規則的原因，如果很多人都無法遵守，那麼就請大家幫忙想想看要怎麼修改規則，一起討論遵守規則的方法。

　　只有引導學生往「自律」的方向前進，老師才能減少重複提醒的次數。

自律的前提是真心接受規範

　　班級經營與其約束學生，不如讓學生從心裡願意改變。每個人都有自己的習慣，現在的孩子很多是家中的獨生子女，他們沒有與其他小孩相處的經驗，不知道有些行為會干擾到其他人，也不知道團體生活有什麼規則需要遵守，每個人都是帶著家庭的生

活習慣來到班級，很需要藉由規則的力量來改變自己。

　　我的班級經營方式，從嚴格到自律、從叮場到獨立，在前期會花非常多心力引導學生練習如何與人相處，古人云：「不以規矩，不能成方圓。」學生認同並成為團體的一份子、遵守團體規則後，才有自由獨立的可能。

讓思考的聲音被聽見

　　我們常在腦中轉呀轉的想事情，最後就只告訴學生結果，要他們照做，以前我也是這樣，例如教室裡脫鞋子這件事，我希望上課時學生可以在地上討論、畫海報，如果穿鞋子進教室，會帶進泥沙，地板永遠掃不乾淨。此外，學生不太會使用拖把，如果可以脫鞋子進教室，打掃的時候只要用抹布將自己桌椅附近的空間擦乾淨就好。

　　但這些再三的思量只有我知道，學生接收到的只是「老師規定進教室要脫鞋子，請大家帶室內拖鞋來。」

　　大部分的學生都是老師說什麼就做什麼，但難免有學生感到

疑惑：「為什麼要脫鞋子？」而這些疑問沒有獲得解決的學生，就容易「忘記」規定，後果就是老師得不斷地提醒。

　　若是我們可以將考量的過程說出來，讓學生了解其中的用意，同時藉由他們聽到的反應、意見以及討論過程，進而感受到做決定並非那麼簡單，必須得從不同的面向來衡量才行。

邀請學生參與

　　命令式的語句容易使學生反感，我們可以改用邀請的方式讓學生願意加入。

　　命令式：擦地要擦乾淨一點，要擦三次才行。

　　邀請式：等一下要在地上畫海報，大家會坐或趴在地板上，我們一起將地板擦得亮晶晶。

　　命令式：快一點寫習作，不要玩東西。

　　邀請式：習作這一頁只有五題，老師希望大家可以準時下課，我們一起試試看很專心的寫，不會的舉手問老師，老師會過去教你。

分享生活雜感

　　老師的言教與身教是影響學生價值觀判斷的重要來源，我會跟學生分享生活上遇到的事情、新聞時事，分享時會刻意呈現不同角度的想法或觀點，並讓學生也試著說出自己的看法。我們不一定要贊同或否認別人的做法，但可以練習對他人多些理解。

搜集積極努力的自己

　　每天看著小孩被動的樣子，要老師半推才要半就的做事情，於是我在班上發起一個「讓自己成為更好的人」活動，目標就是讓自己每天都能展現積極努力的一面。

　　為了讓活動視覺化，我收集了喝咖啡累積的杯套，將杯套的底部用膠帶貼起來，並讓每個學生在自己的杯套上作畫，畫好後把杯套黏到看板上成為可以放紙條的小口袋。

　　接著，我裁了很多彩色小紙條放在桌上的一個小盒子裡，學

生利用下課時間自取紙條，只要覺得自己有「積極努力」的行為，就寫一張小紙條放到屬於個人的杯套小口袋中。老師也盡力觀察每位學生，記錄積極努力的行為紙條送給他們。

慢慢地，學生累積的紙條越來越多。每天我都會提醒：「你今天積極努力了嗎？」或是「這件事我沒有看見你的積極努力，請你現在用積極努力的態度重做。」通常這樣一講，學生就能好好地把事情做好，不必像以前不停碎碎念。

活動進行不久後，班上的氣氛改變了很多，學生們能用更積極的態度面對自己的作業與工

作，補作業也快速多了。大概過了三個星期，我把這些小條子收回來用夾鏈袋裝好送給學生，讓他們感受累積的力量。

　　活動並沒有因此而結束喔！接下來，我又觀察到學生容易吵架、上課聊天，所以我們開始進行「關心他人」的目標，學習觀察他人做了什麼，把「我可以學習的事」記錄下來。

　　像這樣，透過一次次的書寫、記錄、實踐、引導，讓學生練習覺察行為，並感受到因實踐改變而帶來的進步。

建構自我管理的學習歷程

希望學生達到「自主管理」的層次，無法一蹴可幾，老師需要根據自身班級的狀況，設定目標與步驟，逐步引導，並且反覆修正、慢慢放手。

生活一團亂的學生都有一個共通點，就是他們經常回答：「我不知道。」大概是因為只要用這句話就可以撇清責任，而身邊的大人也都因為這句話，就會幫他們做好安排與提醒，就怕他們又「不知道」。我常在想，這些學生是真的需要被提醒，還是習慣被提醒？

如果大人怕孩子忘記，得經常幫他們「記得」事情，並時時提醒的話，那麼孩子根本不需要自己的意識，只要配合或是敷衍

大人就好，時間久了產生麻痺，就算聽到提醒也當耳邊風。

我常跟學生說：「你有多自律，就有多自由。」我們都不希望被人家不斷提醒，如果可以自己做到，別人就不必一直碎念，那麼是不是也就不用因此被限制或控制。想要多一點自由，就必須先管理好自己。

自我管理的過程需要引導

其實學生並不是不知道這個道理，但就是常常沒辦法按照大人的期待做到。

前陣子我換了新手機，整個晚上都在忙著設定功能、查詢用法，兒子來跟我說他明天要準備的東西，我因為感到不耐煩就用生氣的話語回答他，後果就是母子倆吵起來。我想的是「我還沒有設定好手機的功能，不要來吵我。」他想的是「媽媽已經玩了一個晚上的手機了，大人怎麼可以不准小孩玩手機，自己卻玩那麼久。」

　　我跟學生分享這個小故事，請他們幫幫忙想想看有沒有什麼好辦法，可以解決我和兒子的衝突。學生們你一言我一語的給了我許多想法：

　　「你可以先放下手機，好好聽小孩說話。」

　　「你可以跟小孩說，再給我十分鐘。」

　　「你可以說明自己不是在玩手機，是在設定新手機的功能，如果沒有設定好，手機不能回 Line。」

　　「你的語氣應該要改，不能用不耐煩的語氣。」

　　「你可以說說自己到底在生什麼氣。」

　　我覺得學生給的建議都好棒。接著我再分享另外一個故事給學生。昨天兒子在玩手機遊戲，我跟他說該去洗澡了，叫了一次、兩次、三次，忍不住就大聲了，他才很不耐煩的去洗澡。我問學生：「如果你們是我兒子，可以跟我說什麼，讓媽媽不用大聲罵人。」

　　「我會趕快放下手機，去洗澡。」

　　「我會跟媽媽說，再給我十分鐘。」

　　「我會在媽媽叫第一次的時候就先說我在玩遊戲，這一局

打完立刻去洗。」

「我的語氣不要那麼差。」

如果將上述的答案邊討論邊寫在黑板上。學生就會發現其實對話都差不多，用這樣的方式我讓學生看見換位思考的重要，我們要練習的是說話的方法。

第一時間先說明自己正在做什麼事，還需要多少的時間，說話的時候語氣不能太差。用這樣的方式來說話，媽媽就不會那麼生氣了。

以大人的角度來看，會認為「說一次」學生就要去做，甚至期待不用說，他們也會自動做，因此我們經常要求孩子按照我們的時間軸做事情，卻不去考慮他們正在做什麼、是否被打斷。這一切可以在一開始就先說好，現在進行的活動有多少時間可以用，接下來該做什麼事情，讓孩子的心理先有準備，同時也是讓他們自己掌控時間軸。

除此之外，我們也可以搭配第二章中提到的「工作排程視覺化」的方式來做為輔助，好讓孩子逐漸練習在時間內完成該做的事項。

養成預先準備的好習慣

家長：「老師，〇〇忘記帶作業回家，我現在可以回學校去拿嗎？」

學生：「老師，我忘記帶直笛了，可不可以打電話叫媽媽幫我拿來呢？」

在班級裡這類的問題經常發生，如果老師再追問：「為什麼沒帶直笛？」有的學生會說：「因為我媽媽忘了幫我找。」不然就是聳肩或說「不知道」。

開學一段時間後，若開始出現這類型的問題，我會利用一些時間與學生討論預防與解決的方法。

關於學生忘記帶東西這件事，絕大部分是沒有預先準備，或是前一天沒有整理書包所造成的，因此想要解決這個問題，得從這方向去採取預防措施。

教孩子整理書包

無論哪一個年級，開學前幾週我都會在最後一節課挪出五到十分鐘的時間，教學生如何整理書包。

第一週教方法：打開聯絡簿，念出第一項作業，從抽屜或櫃子找到這項簿本並拿在手上，老師全體檢查過後，再念第二項作業，接著重複同樣的步驟。同時我也會分享學生的做法，有的人會將作業找好了以後全部夾進聯絡簿裡；有的人會將作業裝進資料夾或是風琴夾，這些都是不遺漏簿本的好方法。

第二週練習自己整理：老師只要說「三分鐘整理書包時間」，學生就要自動將準備好的作業放在桌上，讓老師檢查。

第三週自主整理：老師在放學前三分鐘給全班整理書包的時間，之後老師不再檢查干涉。

回家寫完功課後收書包的步驟，跟在學校相同，一樣要求學生看著聯絡簿，一項一項整理好放進書包裡。

請家長簽名的方法

聯絡簿、學校發的通知單每天都有需要家長簽名的部分，很多時候沒有簽名是因為學生沒有主動拿出來，或是只將這些要簽名的單子、簿本放在桌上，家長一忙就會漏掉。當然學生也就用「媽媽忘記簽」來撇清自己的責任。事實上，確保家長簽名這件事情應該是學生的責任，是「我忘記請媽媽簽名」才對。

我會要求學生該簽名的聯絡簿、通知單，一定要眼睛盯著、手指著簽名處，讓家長簽名，確保每項都簽到。我跟學生分享到銀行辦業務的時候，行員會在需要簽名的地方用鉛筆打勾，我們可以把這個方法學起來。

上課物品即早準備

老師交代上課要帶的物品可以提早準備，例如自然老師說星期幾要用到什麼東西，可以提前準備購買好，不能等到前一天晚上才說，否則商店打烊就無法補救了。我會請學生想一下哪一天

有空，把重要事項寫在當天的聯絡簿上，準備好了就可以放進書包先帶到學校。同樣的，如果有安排重要活動，我也會提早一週預告，讓學生先規畫準備的時間。

設法自我提醒

便當盒、水壺這種每天要用的物品，我們可以將東西先放在出門一定會停留的地方，或在門上貼紙條來自我提醒。

這種方法也可以用在教室裡，我會將便利貼放在小盒子裡，讓有需要的學生自行取用，像是中午要吃藥、哪個老師約了時間要去訂正作業等個別需求，就自己寫下來並貼在桌面，好提醒自己不要忘記去做。

萬一忘了怎麼辦

如果上述的方法都能做到，學生幾乎都不會再忘東忘西了。

只是人不是百分之百完美，總是會有幾次真的忘記，那麼有兩件事一定要請學生遵守。

1. 以不麻煩別人為原則

忘記帶作業回家、忘記帶物品到學校，就只能這樣了！如果為了作業沒帶要回學校拿，一定得麻煩家長或安親班載送，明明是自己沒有仔細整理書包，責任在自己身上，卻要麻煩別人幫忙處理，這樣就不對了。忘記帶物品到學校也是如此，學生應該對自己沒有做好準備負責，會被老師念、上課沒得用，那就只能接受這樣的結果。

2. 必須有誠意的補救

沒帶作業、沒有準備物品也不能雙手一攤就這樣算了，雖然不能麻煩別人，但可以做有誠意的補救，若是作業本沒帶回家，可以先用白紙寫；習作或學習單沒帶回家，可以在聯絡簿上注明

何時要補交；上課用品沒有帶，可以在下課時間先跟老師討論有沒有補救方式。遇到問題找尋解決問題的方法，才是對自己負責的態度。

沒有聯絡簿的實驗

　　二○一九年我在網路上讀到《親子天下》刊登的一篇文章〈沒有聯絡簿的以色列小學，放手讓孩子走更遠〉[2]，讓我對聯絡簿有了不同以往的想法。

　　我不禁思考，聯絡簿究竟是給家長看的，還是給小孩看的呢？我認為應該是給小孩看的，而如今的聯絡簿會請家長簽名只是我們習慣用的檢核方式。

　　這讓我想到，身為成人的我們，經常會用行事曆來自我管理，用以規畫行程與工作，那麼我們是不是也可以不要聯絡簿，

---

2. 作者吳維寧，文章摘自三采文化《聽懂孩子的話》一書。

教孩子進行更有效的管理呢？

於是，在帶班級第二年的最後一個學期，我進行了一場沒有聯絡簿的實驗，希望讓學生練習運用行事曆代替聯絡簿來作學習的規畫。

評估可行性

在進行任何創新的活動前，我會先評估一下可行性，關於這個實驗計畫能否執行，下面幾點是我考量的因素：

(1) **師生間的默契**：我和班上學生之間已經建立固定的作業管理模式。班上的小朋友都知道，我們班的聯絡簿，老師如果用紅筆寫，就是給學生的提醒；用藍筆寫，就是給家長的聯絡事項。所以，不管是作業缺交，還是忘記帶什麼物品都是小孩用紅筆自己寫在聯絡簿裡，用以提醒自己。現在已經過了三個學期，全班都已經習慣這個規則了，因此只要忘了什麼，他們懂得自己主動寫在聯絡簿裡，然後告訴老師。

⑵ **學生已由他律逐漸轉為自律**：過去只要作業缺交、習作忘了簽、忘了帶物品，小孩常用的理由就是「媽媽忘了幫我……」，但是現在他們都知道這些事情的責任在自己身上，不會再用媽媽當理由，也逐漸懂得自我管理作業與物品了。

⑶ **直接運用聯絡簿的可行性**：雖然我很希望聯絡簿除了是抄作業項目、家長檢查作業的依據外，也能變成孩子自主管理的工具。但是，目前的簿本格式使用起來並不方便也不適合。

⑷ **家長的聲音**：如果全班的聯絡簿都不用家長簽名，這樣似乎也不太妥當，畢竟我一開始並沒有這樣的規畫，沒有取得家長的同意，貿然進行會引起很多問題。

　　綜合上面各點，最後我想到一個變通的方式。先挑選已經可以對自己負責的孩子來執行。這些孩子有共同的特徵：作業很少缺交、會主動告知老師什麼沒有做到、主動補交作業不用老師催促、會遵守規則且積極主動。我認為應該讓這些孩子再進一步提升管理自己的能力。

尋求家長支持

前面提過,班級經營要成功,首先必須先尋求家長認同。於是在決定施行前,我先打一張通知,懇請家長支持。

（學生姓名）一年多以來自我管理能力佳,獲得老師的信任,老師想嘗試讓孩子將親子聯絡簿改變為「工作備忘錄」,讓孩子的自我管理的能力更上一階。這期間老師會循序漸進輔導孩子,讓孩子可以逐漸成為管理自己的主人。一開始孩子可能會有「短暫自我管理失調」的情況出現,但老師會花時間等待與輔導孩子克服困難,也請您一起陪伴孩子渡過。

聯絡簿將暫停使用,爸媽不用簽,您可以選擇信任孩子,將學習的責任交給孩子,功課可以不必檢查。若有其他事項需要聯絡時,老師會用電話或在 line 留言。

□ 同意,爸媽願意支持孩子。

□ 不同意,爸媽還是覺得需要盯著孩子。

家長簽名:＿＿＿＿＿＿＿＿＿

引導方法並加以鼓勵

　　因為目前聯絡簿的格式並不適合成為「工作備忘錄」，所以我選用自填式一週兩頁的行事曆本讓學生使用，並且教他們幾招我在書上學到的筆記方式：

(1) 用顏色表示不同的事項，老師是用黑色表示工作、藍色表示私事、紅色代表一定不能忘記重要的事。

(2) 可以在裡頭記錄一些生活心情、安排自己的時間，以及何時做什麼事的規畫。

(3) 每天練習記下三個想法。

　　這些學生每天都會把計畫本交來給我，我只做兩件事：一是框出做得很棒的部分，二是利用文字和學生筆談，給予提醒指導或讚美鼓勵。例如：「寫出自己對這件事情的想法很棒！」、「完成的事項可以打勾，沒有完成的要做注記。」、「要記得更改可以完成的時間喔！」

　　批閱這些行事曆時，我發現學生開始放膽做規畫，有的寫下對事件產生的心情；有的記錄了學習筆記；還有的會自己檢核作

業是否完成。在徵求學生同意後，我會讓他們互相觀看別人的行事曆本，學習別人的好點子。我也準備了幾本自己看過的手帳書跟他們分享，透過閱讀學習尋找屬於自己的筆記方式。

在這過程中，其實很多家長都有些擔心，有家長偷偷跟我說，她雖然忍住不幫孩子簽名，心裡卻很不安，所以問我孩子自主管理的狀況如何？這件事也提醒了我，應該讓家長們知道孩子的情況才對。於是，我將一週的成果拍照個別傳給家長，好讓他們能安心。

最後，有家長跟我分享，他們發現當家長不用簽聯絡簿時，小孩會因為少了一個幫忙檢查作業的人，反而變得更為謹慎。而這也印證了我所堅信的：當我們將學習的主導權還給孩子時，他們才能獲得真正的成長。這時我真的感覺自己正享受著「可以躺著教」的成果！

從考前複習學會為自己負責

> 藉由學習「如何複習」，能讓學生清楚複習是自己的事，而且是需要思考的。我們必須教給孩子能力、讓他們知道各式各樣的方法，那麼等到他需要時，就能有更多選擇。

考前複習是許多學生的噩夢，在學校要寫複習卷，在安親班或家裡還要接著寫評量或自修，但是大部分的學生都不知道為何而做，寫到最後容易心生厭煩隨便寫。而這種被填鴨至快吐的感覺蔓延到考試時，學生就容易認為題目都寫過而草率看題，或是已經失去耐性乾脆不看亂猜。坊間的評量、測驗卷品質參差不齊，有很多題目偏瑣碎，只是要求記憶，對學習沒有幫助。

此外，我認為考前複習的進度應該由學生自己規畫掌握，而

不是大人幫他們安排。我們要教給孩子的是「思考的方法」，而不是讓他們一直反覆練習。

學習複習的方法

　　學生複習功課似乎都只有一種方式，就是寫坊間買的評量題目，但其實課本、習作的觀念與內容才是最重要的。每次訂正複習卷時，我都會請學生在課本或習作中找出對應的觀念，確認自己錯在哪裡，並在複習卷上寫出頁數並修正自己錯誤的觀念，但有很多學生找不到課本對應的內容在哪裡，因為他們只是不斷地寫評量題目、背下答案。

　　在帶著學生複習數學時，我會使用便利貼，將習作上的答案貼起來，讓學生在便利貼上重新計算一次看看有沒有出錯。再來是把重點放在「想清楚訂正單」，將便利貼複習仍是錯誤的題目、複習卷錯誤的題目記錄下來，同時寫出思考的過程。

　　在國語的部分，我會請學生準備一本便宜的筆記本（將背面空白的回收紙釘在一起也行），然後在筆記本第一頁中貼一張複習方法，並要學生依照這樣的方法在筆記上寫下練習。

1. 生字寫（　　）次
2. 挑選十個語詞寫（　　）次
3. 習作造句寫（　　）次
4. 課文朗讀（　　）次
5. 這一課課文內容在說什麼？用至少三十個字寫出來。
6. 這一課的重點，我覺得還有什麼？

　　我會找出某一課，帶著學生做一次。為什麼要用寫的呢？因為很多學生的複習是用「看」的，這樣容易分心，而且沒有真正寫過，很多字容易寫錯。等學生執行過後，我也會花一點時間和

他們討論。

師：大家用這樣的複習方法練習後，今天寫評量卷的感覺如何？

幾乎所有孩子都說寫起來超順的，而且都是習作和課本的嘛！（終於發現了！）

師：這個複習方法在哪一大題要想最久？

幾乎所有孩子都卡在第五大題「這一課的內容在說什麼？」這裡要練的是摘要，除了要熟讀課文，也需要組織統整的能力，在文意理解與主旨提取有很大的幫助，但也需要時間想很久。所以，複習是要思考的嘛！不是毫無感覺的寫評量就可以的。

等寫完平時考卷後，我和孩子們也發現了，通常考卷上錯誤最多的那一大題，例如：多音字或成語，都是平常沒複習到的，那麼我們就再加強這部分即可。

接著我會告訴孩子，請他們照這個方法複習其他課。複習方法筆記本收回來後，老師只會看第五大題，其他的不看，因為那些是自己可以掌握的抄寫內容，若有錯誤得自己負責。

複習方法的改變與孩子的心得，我也會發一張「親師心語」跟家長分享與溝通。

親師心語

親愛的爸爸媽媽：

　　昨天老師出了一個國語複習的作業，讓孩子照著我教他們的方式複習。今天考完試，老師請孩子們比較一下，今天的考試和上一次相比感覺如何？幾乎所有的孩子都說今天考的比較會寫。我想讓孩子體會，這就是複習的效果。

　　根據考試的結果，大部分的孩子都在第五題（寫出本課內容）時卡住，其實上課時我們都討論過，老師教孩子想想國語筆記的內容，將人時地和事情，用開頭、經過、結果串起來就容易了。只有這一題是需要思考的，前面的都是抄寫增加記憶。

　　我希望能藉由這樣的方式，帶給孩子更多思考，引導他們利用各種方式來學習，一開始孩子可能不習慣思考，會一直停在卡住的地方，也有可能是因為怕寫錯，不敢表達，這個部分老師會在課堂上讓孩子練習，學習不害怕地表達自己的意見。

練習擬定複習計畫

學會如何複習之後，接著考前一週，我會開始帶著學生練習擬定複習計畫，並且透過執行後的討論、省思來改善自己的計畫。因為學生是第一次做，所以我印了用老師的想法畫出來的分科複習計畫表，讓學生有所依據。這個計畫表必須在學校填寫完畢，回家後開始執行。

　　隔天我會和學生一起討論，前一晚執行時遇到的困難，並思考改善的方法。

　　⑴ 臨時有事怎麼辦？

　　⑵ 做不完已經很晚了怎麼辦？

　　⑶ 零碎時間複習什麼？完整時間複習什麼？

　　討論的時候，學生提出自己的困難點，老師再給予修正建議。討論完畢後在當天的小日記裡，進行反思。寫小日記時，必須真誠的寫出自己內心的想法，而不是冠冕堂皇的話，老師批改時不會給負面的意見。

　　每天我都會將學生的複習筆記本、複習計畫單收回來看，若發現問題就立即給學生回饋建議。等期中考結束後，我還會再花時間跟學生討論，這個計畫表到底有沒有用？

　　⑴ 執行時遇到什麼困難？

　　⑵ 如何解決遇到的困難？

　　⑶ 寫計畫、執行計畫時有沒有思考？

　　⑷ 考試後的感覺？

　　⑸ 跟之前相比寫很多評量和複習卷效果好嗎？沒有思考的

複習效果好嗎？

⑹ 第一次自己做計畫的感覺。

討論完畢後寫當天的小日記，進行反思。

最後，當然還需要發一張「親師心語」，跟家長分享我讓孩子這麼做的理念和最後走來的成果囉！

親師心語　　　　　　　　11 月號

親愛的爸爸媽媽：

　　期中考結束了（大家都鬆了一口氣啊！）。這次的評量一般記憶性題目不多，國語的生字要會在語文情境中使用、閱讀理解能力也在這份試題中看出來；數學絕大部分是在閱讀題目的仔細程度決勝負；社會更需要思考與表達能力。三年級的孩子，第一次面對寫再多評量、複習卷也沒用的情況啊！

　　老師會與孩子們討論這件事，平時一點一滴的累積才是學習的根本，上課專心度也與成績成正比，我們希望孩子能將所學運用於生活，而非死背內容。這次評量前看著孩子們好辛苦的複習，但所做的複習大部分是記憶式的練習，孩子們厭煩了，考卷沒耐心看完，這都是反效果。

老師在教學上都是給孩子們學習的方法、注重思考，考試的成績請爸媽<u>不要以分數作為獎勵或責備，請與孩子想想哪裡出問題呢？該如何改進呢？具體做法是什麼呢？讓孩子知道平常的學習才是重點，學習是為了自己，不是為了分數取悅家長。</u>

閱讀能力是非常重要的關鍵，千萬不要忽略每天閱讀三十分鐘的力量，孩子應該要進入閱讀大量文字的階段，有的孩子會開始主題性閱讀（借閱相同主題的書籍），有的孩子開始接觸各式各樣的書籍，這都是探索學習的開始。

這週開始，老師會減少抄抄寫寫的數量，跟孩子們約定寫少少的，但要用心完成。希望孩子多點時間閱讀，每日三十分鐘的閱讀單子也進入第二階段，開始需要思考、與書互動。減少孩子看電視、玩手機平板的時間吧！

複習計畫重複啟動

考完試後，複習計畫就結束了嗎？當然不，經驗是需要不斷的練習才能累積的，因此，複習計畫也必須不斷的重複啟動，為了讓學生能學會更多的方法，每次我都會針對一個重點，讓學生從多個面向去累積計畫執行的能力。

第二次複習計畫，我會著重在擬定計畫時的詳細度與「計畫→執行→檢視→修正→再執行」的循環。學生在擬訂計畫的時候，可能會只寫出「複習國語」這種沒有確定範圍的目標，這樣的目標太過於籠統，會導致當天複習時隨心意而定，到最後可能會漏掉過多項目而無法完整複習，所以這次學習的第一個重點是，將計畫目標寫得具體詳細。此外，第一次以科目做複習時間規畫時，小朋友容易出現一天要複習好幾個科目的問題，所以這次我讓學生改用一週行事曆的方式做計畫，這麼一來就可以清楚看到每天要複習的項目內容。從這當中也可以看出每個人的思考方式會有缺失，老師想用科目來規畫，卻在學生操作的經驗上發現缺失，如果沒有跟學生們來回討論，我們也不會獲得這個寶貴的經驗。

第二個重點是計畫執行時若遇到困難，就需要檢視並找出問題解決，我設計了一張檢視計畫的單子，上頭擬定了四大步驟：一找出問題點修正；二重新執行計畫後，反省自己經過上次的修正後是否可以順利進行。三計畫結束後檢視成果；四學習記錄。

　　通過四個步驟的自我檢視，讓每個人能逐步邁向成功的複習計畫。第一個步驟，在執行一週後，我給建議或肯定時就可以寫了，我會花一點時間跟孩子們聊聊誰寫得如何、為什麼要這樣做，接著孩子對自己的計畫進行修正，再繼續執行。最後一天，對計畫做整體檢討，後續步驟便可以接續完成。

複習計畫的執行檢核

姓名：＿＿＿＿＿＿＿＿＿

　　小朋友，有了做計畫的能力，我們也要來看看自己執行的能力如何。計畫做了不代表一定會成功，我們要時時去反省自己的計畫執行得如何，如果有落後、沒執行的，要想想問題出在哪裡，是時間管理的問題（該複習的時間做了其他的事、那天去補習沒時間做……）？還是你根本只是把計畫做出來卻沒有執行？找出問題後，修正計畫繼續執行。

　　請跟著下列的步驟，一一檢查、反省自己的複習計畫。

步驟一 找出問題點修正
我應該大約＿＿＿＿＿天反省自己的計畫一次。
第一次反省，我發覺自己的問題出在哪裡？請詳細說明。

我想如何改進調整？_____

步驟二 重新執行計畫後，反省自己經過上次的修正後是否可以順
　　　 利進行
□經過上次修正，我執行得很順利。
□經過上次修正，還是沒有完全執行，問題出在
_____ 我應該再修正。

步驟三 計畫結束後檢視成果
每一次的計畫結束後，我們都應該回頭看看自己的成果。
□ 一開始我就認真思考，計畫很愉快地完成了。
□ 經過不斷修正，我順利完成這次的計畫。
□ 我把這次的計畫當交給老師的作業，所以我的計畫執行不良。

步驟四 學習記錄
我從這件事學到什麼，請寫出三個重點＋心得。

_____

　　第三次複習計畫，我會開放格式讓學生自己畫出理想中的計
畫表，這次的重點是找出最適合自己的複習方式。有的學生覺得
考前複習一定要有休息日；有的覺得檢核者可以是自己，因為這

是自己的問題，不需要他人來約束，相對的也有學生覺得自己的
定力還不足，需要有人協助……。一切都是誠實的面對自己。

　　這次老師只給學生白紙、一個資料夾，每天將複習計畫與複
習筆記本放在資料夾內交回，老師檢視項目為：

　　⑴ 是否將複習的項目、內容寫清楚？

　　⑵ 是否全部科目都規畫完畢？

　　⑶ 有無自我檢核、修正計畫？

　　我會一一檢視每
個人的複習計畫與內
容，發現問題立刻給
予指導，通常複習內
容老師只略看有沒有
做，至於孩子做了什
麼我不太管，但有明
顯錯誤的地方會挑出

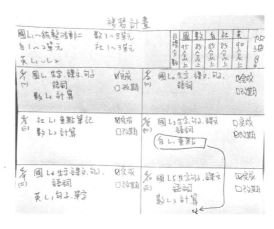

來，並請孩子想辦法讓複習的內容是正確的。沒做到的項目，確
認孩子將項目往後移補做，其他的一切就都交給學生。

透過一次次反覆練習，每次的學習內容都會再加深加廣，提供給孩子的表格也會不一樣，讓他們知道可以這樣、也可以那樣。最後一個學期看孩子們的計畫表時我只需要欣賞，不太需要給建議了，到最後學生連複習內容都很多元，因為他們已經發展出屬於自己的複習計畫！

結語

每當迎接新學期的來臨，我總是把「躺著教」的理念視為班級經營的終極目標。這個理念的理想是，老師不必不斷碎念，學生就能做好自主管理。然而，要實現這個目標實在是一項艱鉅的挑戰。首先，我們需要打破老師習慣上「管」學生的角度，轉而採用「培養能力」的引導方式。其次，我們必須了解每位學生都是獨一無二、擁有思想和行動力的個體，同時也要知道這種轉變並非短時間內就能見效。按照書中的方法操作初期可能感到比過去更加辛苦，但請不要輕言放棄，因為學生需要將過去的聽令行

事轉變為有思考的行為，而老師則需放下嘮叨和命令的權威，轉而培養引導思考的能力。這些轉變無法一蹴而就，老師和學生都需透過一次次的歷程不斷累積經驗。

　　事實上，班級經營的重點不在於結果，而是當同一個問題反覆出現且讓人感到煩躁時，嘗試用「除了抱怨，我們還能做什麼？」的思維方式覺察問題的卡關點，分析研究癥結點，並找出以學生學習為主體的解決方法，再一次次隨著班上孩子的狀況，做滾動式調整。因此，即便這本書提供了豐富的脈絡與做法，老師仍需跨出學校封閉的領域，接觸外界多元的觀念充實自己，以應對新的挑戰和瓶頸。這樣，我們才有機會透過學習產生新的想法，進而修改或創造出不同的元素。

　　綜觀整個過程，我深刻體會到記錄的重要性。透過不斷寫下教學記錄，我們能更清晰地看到問題、認識學生，進而找到更有效的解決辦法。因此，不要害怕調整，也不要害怕面對挑戰，因為正是這些困難建立了階梯，讓我們一步步往上達到目標。

學習與教育 250

CEO 思維的班級經營術
小壁虎老師讓家長、學生都心服的人才養成心法

作者｜小壁虎老師 (蔡孟耘)
責任編輯｜王郁渝
編輯協力｜陳珮雯
校對｜魏秋綢
封面設計｜FE 設計工作室 葉馥儀
版型設計、內頁排版｜賴姵伶
行銷企劃｜溫詩潔

天下雜誌群創辦人｜殷允芃
董事長兼執行長｜何琦瑜
媒體暨產品事業群
總經理｜游玉雪
副總經理｜林彥傑
總監｜李佩芬
行銷總監｜林育菁
版權主任｜何晨瑋、黃微真

出版者｜親子天下股份有限公司
地址｜台北市 104 建國北路一段 96 號 4 樓
電話｜(02)2509-2800　傳真｜(02)2509-2462
網址｜www.parenting.com.tw
讀者服務專線｜(02)2662-0332　週一～週五
　　　　　　　09:00~17:30
讀者服務傳真｜(02)2662-6048
客服信箱｜parenting@cw.com.tw

法律顧問｜台英國際商務法律事務所・羅明通律師
製版印刷｜中原造像股份有限公司
總經銷｜大和圖書有限公司　電話｜(02)8990-2588

出版日期｜2024 年 02 月第一版第一次印行
定價｜450 元
書號｜BKEE0250P
ISBN｜978-626-305-707-4（平裝）

訂購服務
親子天下 Shopping｜shopping.parenting.com.tw
海外・大量訂購｜parenting@cw.com.tw
書香花園｜台北市建國北路二段 6 巷 11 號
電話｜(02)2506-1635
劃撥帳號｜50331356 親子天下股份有限公司

國家圖書館出版品預行編目 (CIP) 資料

CEO 思維的班級經營術：小壁虎老師讓家長、學
生都心服的人才養成心法 / 小壁虎老師 (蔡孟耘)
著 . -- 第一版 . -- 臺北市：親子天下股份有限公司，
2024.02
面；　公分 . -- (學習與教育；250)
ISBN 978-626-305-707-4(平裝)
1.CST: 班級經營

521.64　　　　　　　　　　　　　113001238